U0566601

權威 · 前沿 · 原创

皮书系列为
"十二五"国家重点图书出版规划项目

工业和信息化蓝皮书

BLUE BOOK OF INDUSTRY
AND INFORMATIZATION

移动互联网产业发展报告
（2015~2016）

ANNUAL REPORT ON MOBILE INTERNET
(2015-2016)

主　编/洪京一
工业和信息化部电子科学技术情报研究所

社会科学文献出版社
SOCIAL SCIENCES ACADEMIC PRESS (CHINA)

图书在版编目（CIP）数据

移动互联网产业发展报告. 2015～2016/洪京一主编. —北京：
社会科学文献出版社，2016. 4
　（工业和信息化蓝皮书）
ISBN 978 - 7 - 5097 - 8834 - 9

Ⅰ . ①移…　Ⅱ . ①洪…　Ⅲ . ①移动通信 - 互联网络 - 产业
发展 - 研究报告 - 中国 - 2015～2016　Ⅳ . ①F632. 3

中国版本图书馆 CIP 数据核字（2016）第 043011 号

工业和信息化蓝皮书
移动互联网产业发展报告（2015～2016）

主　　编／洪京一

出 版 人／谢寿光
项目统筹／吴　敏
责任编辑／张　超　吴　敏

出　　　版／社会科学文献出版社·皮书出版分社（010）59367127
　　　　　　地址：北京市北三环中路甲 29 号院华龙大厦　邮编：100029
　　　　　　网址：www. ssap. com. cn
发　　　行／市场营销中心（010）59367081　59367018
印　　　装／北京季蜂印刷有限公司

规　　　格／开本：787mm × 1092mm　1/16
　　　　　　印张：18. 25　字数：201 千字
版　　　次／2016 年 4 月第 1 版　2016 年 4 月第 1 次印刷
书　　　号／ISBN 978 - 7 - 5097 - 8834 - 9
定　　　价／79. 00 元

皮书序列号／B - 2015 - 418

工业和信息化蓝皮书
编 委 会

《移动互联网产业发展报告 (2015~2016)》
课　题　组

课题编写　工业和信息化部电子科学技术情报研究所
　　　　　　软件与信息服务研究部

指　　导　杜晓黎　徐明伟　冯俊兰　杨思磊　刘　葳
　　　　　　冉嵩楠　王　强　袁烨董旭

组　　长　尹丽波

副 组 长　邱惠君　张毅夫

编写人员　张金增　温　源　王　帅　陈新华　李德升
　　　　　　周易江　黄　洁　修松博　孙　璐　付万琳
　　　　　　王　珺　杜　威　李向前　辛晓华　刘　巍
　　　　　　张宇泽　宋艳飞

工业和信息化部
电子科学技术情报研究所

工业和信息化部电子科学技术情报研究所（以下简称"电子一所"）成立于1959年，是工业和信息化部直属事业单位。

围绕工业和信息化部等上级主管部门的重点工作和行业发展需求，电子一所重点开展国内外信息化、信息安全、信息技术、物联网、软件服务、工业经济政策、知识产权等领域的情报跟踪、分析研究与开发利用，为政府部门及特定用户编制战略规划、制定政策法规、进行宏观调控及相关决策提供软科学研究与支撑服务，形成了情报研究与决策咨询、知识产权研究与咨询、政府服务与管理支撑、信息资源与技术服务、媒体传播与信息服务五大业务体系。同时电子一所还是中国语音产业联盟、中国两化融合服务联盟、中国产业互联网发展联盟等机构的发起单位和依托单位。

电子一所将立足国家新型工业化对基础性、战略性、先导性科研工作的需求，坚持"强基为本，创新引领"的发展方针，以产业情报、知识产权、评估评测为主业，以增强综合实力、核心竞争力、持续发展活力为着力点，为政府决策、产业发展、企业创新提供专业化服务，到2020年初步建成特色鲜明、软硬兼备、手段先进、影响广泛的智库型情报机构。

主编简介

　　洪京一　工业和信息化部电子科学技术情报研究所所长，高级工程师。主要从事工业经济、信息化、电子信息产业、软件服务业、信息安全等领域的战略规划和产业政策研究，主持完成工信部、发改委、科技部等部委及北京、天津、广东、河南等地方主管部门委托的数十项重点课题研究，主持编写《中国软件和信息服务业发展报告》《政府部门网络安全解决方案指引》《中国信息产业年鉴》等多部出版物。

　　兼任中国语音产业联盟副理事长，中国电子信息产业联合会常务理事，中国产业互联网发展联盟专家咨询委员会委员和国家物联网发展专家咨询委员会委员。

序 一

2015~2016 年度的工业和信息化蓝皮书如约问世，五本厚重的书籍，给我们带来了全球信息化、信息技术产业、网络信息安全、移动互联网产业和战略性新兴产业的最新信息和发展趋势。

2015 年全球的经济社会发展出现了一些重要的具有历史意义的变化，其中最重要的是信息技术和工业技术融合的深度和广度快速前行，在形成了改变社会发展轨迹的新技术体系基础上，新的产业体系和商业模式崭露头角，一些与新的生产力、新的商业模式不一致的矛盾也在发展进程中逐步显露出来。

一套工业和信息化蓝皮书博采众长，既从五个方面独立成篇，为从事战略性新兴产业、移动互联网产业、信息技术产业、信息化、网络信息安全的研究者和从业者带来全球视野的数据和分析，更可以使有心的读者纵横五个领域，寻找散布于其中的共同特征和规律，为大融合提供新的理论和技术基础。

分析信息社会变革现状、梳理变革脉络、把握变革趋势是做出科学的、符合国情决策的基础，由工业和信息化部电子科学技术情报研究所编写、社会科学文献出版社在 2015 年首次出版的"工业和信息化蓝皮书"正是在这一方面做出的积极探索。2016 年版蓝皮书在分析发展态势、梳理发展亮点、预测发展趋势等方面下了更大的功夫，值得一读，希望持之以恒，越办越好。

是以为序。

2016 年 3 月 6 日

序　二

全球信息化的发展已经进入一个新的发展阶段，或者说一个新的历史时期。显然，在过去60多年所积累的成果和经验的基础上，全球信息化对人类社会的影响，正在经历一个由量变到质变的过程。其中，特别引人关注的是全球信息化向高端的发展。在经历了数字化和网络化的快速发展之后，智能化正在成为全球信息化向高端发展的最主要的特征之一。智慧地球、智慧城市、智能终端、智能硬件、智能制造、智能机器人、智能物理系统等等，新概念、新思想、新系统层出不穷，令人眼花缭乱。2016年3月，阿尔法围棋（AlphaGo）以4：1的总比分战胜了世界围棋冠军、职业九段的韩国棋手李世石，其所带来的全球震撼，可以说是新的历史时期来临的一个最好的注记。

与之相伴，关于信息化推进的理念、思维、方法学，乃至战略目标和内涵，都在发生急剧的、深刻的变化。其中，最具有代表性的就是工业互联网和工业4.0理念的提出。二者殊途同归，都是在过去几十年信息化发展的基础上，利用和整合近年来涌现的一系列新兴信息技术，如智能硬件、移动互联网、物联网、大数据、云计算、高端计算、智能物理系统（CPS）等，构造一体化、智能化的大（信息）系统或巨（信息）系统，即工业互联网系统。这样构造的工业互联网系统已经完全摆脱了自1946年电子数字计算机发明以来信息系统的发展套路和模式，代表了未来 10～20 年全球信息化发展的新思路、新架构和新格局；不仅适用于任何制造企业或工业企业，而且适用于其他产业的企业、事业单位和政府部门。工业互联网系统虽然以"工业"为名，看似仅仅针对某一个工业企业的信息化而进行架构设计，实际上，全社会每一个领域的重要企事业单位和政府部门都会被"裹挟"进来。因此，工业互联网系统代表的是全球信息化一个新的时代的来临，不仅对大型或跨国企业赢得国际竞争力极为重要，而且对国家信息化的发展和影响十分深远。毫无疑问，工业互联网系统的发展还将进一步重塑全球信息产业发展的格局。

我以浓厚的兴趣，通读了工业和信息化部电子科学技术情报研究所编写出版的这套工业和信息化蓝皮书，包括《世界信息化发展报告》、《世界信息技术产业发展报告》、《移动互联网产业发展报告》、《世界网络安全发展报告》以及《战略性新兴产业发展报告》，共五册。读完之后，颇有"秀才不出门，全知天下事"之感。这套蓝皮书不仅主题覆盖宽广、内容翔实丰富、数据图表完备、前沿探索颇有见地，而且基本上展示了一个全球网络安全和信息化发展的全貌。对于把握全球大事、了解现状、发现问题、认识趋势、寻求对策，是一套不可或缺的、非常有用的工具书，其唯一性和系统性在国内无可替代。众所周知，信息化作为一个伟大的历史进程，正在越来越多地被人们所认识。世界各国围绕信息化这个战略制高点的竞争，正在全球掀起一个比一个高的信息化创新浪潮。"他山之石，可以攻玉"，参与信息化全球竞争的世界各国的战略、政策、管理和举措，对我国的政府部门、企事业单位、研究机构和高等院校都有非常重要的借鉴作用。因此，这套蓝皮书的重要价值是不言而喻的。

工业和信息化部电子科学技术情报研究所是一个成立了五十多年的资深研究所，拥有一支训练有素、经验丰富、作风严谨的优秀高端人才队伍，长期以来为我国信息化和信息产业的发展做出了重要的贡献。近年来，在工业和信息化部的领导下，他们依托资深优势，密切跟踪全球工业、网络安全和信息化领域的前沿动态，在广泛而深入的研究和综合分析的基础上，连续多年推出相关领域的系列报告，颇有深度，不仅为政府决策和企业发展提供了重要的咨询和参考，也广受各有关方面学者和读者的欢迎。2015 年，他们的相关系列研究报告首次以"工业和信息化蓝皮书"的形式公开出版，2016 年版则更加全面深入，更具可读性。我相信，这套蓝皮书的出版一定会继续受到读者的欢迎，而且在读者的爱护和关注之下，不断发展、不断进步，成为这个研究所的一个"拳头产品"。

值此 2016 年版"工业和信息化蓝皮书"付梓出版之际，谨以此序表示祝贺，并衷心地期待在本系列蓝皮书的影响之下，我国新型工业化和信息化的理论和实践将有一个更快捷、更健康的发展。

2016 年 3 月 22 日

前　言

　　2015 年，4G 网络和智能终端快速普及，全球移动互联网产业保持高速发展态势，新技术、新应用、新模式不断涌现，带动新一轮经济快速增长，以 BAT 为代表的中国企业迅速崛起。移动互联网与传统产业的渗透融合进一步加速，持续向纵深方向推进，带动传统行业转型升级，催生出了 O2O、共享经济、跨界整合等诸多创新模式和移动交通、移动金融、移动医疗等新型应用。互联网巨头围绕移动操作系统、智能终端、超级应用等核心资源在智能硬件、移动应用等领域展开产业化布局，生态体系竞争愈发激烈。可穿戴设备、智能家居、机器人等智能硬件持续升温，产品形态更加多样化，市场潜力巨大。移动应用行业发生快速变化，由传统的移动应用向生活服务类应用转移，生活服务类应用市场份额持续提升，投资市场逐步回归理性；移动视频、移动游戏等传统的成熟应用市场规模稳步增长，企业级移动应用市场前景广阔。移动互联网正在成为社会经济发展的重要组成部分，为各行业带来颠覆性的变革。

　　《移动互联网产业发展报告（2015～2016）》是我所软件与信息服务研究部对 2015 年全球移动互联网产业发展动向及产品技术进行全面跟踪研究基础上形成的研究报告。该报告除了延续 2014 年的做法外，对报告结构进行了微小变动，将专题篇调整为应用篇，重点对关系国计民生的五大新型移动应用展开分析。该报告以

2015 年移动互联网领域产生的具有重大影响的新技术、新应用、新业务、新产品为着眼点，在充分结合我国移动互联网产业战略和发展需求的基础上，对移动芯片、移动操作系统、移动智能终端、通信基础设施、成熟和新型的移动应用进行了深入分析，并对 2015 年全球移动互联网产业十大热点事件以及重点企业的发展情况进行了系统梳理和分析，总结了 2015 年全球移动互联网领域的发展态势和总体情况，并对移动互联网产业发展趋势进行了预测和展望。

参与本书编写的人员有张金增（B.1、B.3）、陈新华（B.2）、温源（B.4）、杜威（B.5）、王帅（B.6）、黄洁（B.7）、李德升（B.8）、周易江（B.9）、修松博（B.10）、孙璐（B.11）、付万琳（企业篇）；刘巍、宋艳飞、辛晓华、张宇泽、李向前、王珺提供了数据处理和文献整理方面的帮助；邱慧君、张毅夫统筹定稿。本书编写得到了主管部门领导和行业专家的悉心指导和支持，易观智库提供了资料、数据等支持，在此表示最诚挚的谢意。

工业和信息化部电子科学技术情报研究所

软件与信息服务研究部

2015 年 12 月

摘　要

2015 年，全球移动互联网产业持续高速增长，新技术、新应用、新模式不断涌现，推动新一轮经济快速增长，以 BAT 为代表的中国企业迅速崛起。移动互联网跨界趋势明显，与传统产业加速融合渗透，带动传统行业转型升级，催生了 O2O、共享经济、跨界整合等诸多创新模式和移动出行、移动金融、移动医疗等新型应用。互联网巨头围绕移动操作系统、智能终端、超级应用等核心资源在智能硬件、移动应用等领域展开产业化布局，生态体系竞争愈发激烈。移动互联网正在成为社会经济发展的重要组成部分，为各行业带来颠覆性的变革。

《移动互联网产业发展报告（2015～2016）》是"工业和信息化蓝皮书"系列丛书之一，围绕年度特点展开了深入研究分析。该报告坚持以确凿、可靠的数据和事实为研究基础，以社会科学研究视角和方法，强调和突出理论性、实证性和实践性，可为相关主管部门、行业协会、企业全面了解全球移动互联网产业形势，并进行科学决策提供重要参考。

本报告的正文分为五个部分。第一部分是总报告，总结了2015 年全球移动互联网产业的整体发展态势，展望了 2016 年的发展趋势。第二部分是行业篇，围绕移动互联网产业出现的新技术、新业务、新产品，从移动芯片、移动操作系统、移动智能终端、通信基础设施等方面，阐述了现阶段移动互联网产业相关设备、系统、基础设施建设等方面的发展格局。第三部分是应用篇，盘点了2015年移动应用的整体发展情况，围绕一系列新兴应用展开深入分析，涵盖移动出行、移动互联网金融、移动医疗、移动教育等极具发展潜力的重点领域。第四部分是热点篇，遴选了2015年移动互联网领域的十大热点事件。第五部分是企业篇，选取了移动互联网产业具有影响力的14家企业，从企业年度经营状况、战略挑战、重大事件等角度对其进行了描述和评价。

Abstract

In 2015, the global mobile internet industry maintains high-speed growth rate. New techniques, applications and models spring up, and Chinese enterprises represented by BAT rise rapidly, driving a new round of economic growth. In general, the accelerated infiltration with traditional industries makes mobile internet show an obvious tendency of trans-boundary, which leads industrial transformation and upgrading while catalyzes innovation patterns, like O2O, sharing economy and Crossover Collaboration, such as mobile transportation, mobile finance, mobile health and other new style applications. Competition about internet ecosystem is so fierce, that internet giants' industrialized layout revolves around intelligent hardware and mobile apps through core resources, operating system, intelligent devices and supper apps for example. Mobile internet becomes the major component of social and economic development and brings fundamental changes to every industry.

The *Annual Report on Mobile Internet* (*2015 ~ 2016*) is one of the *Blue Book of Industry and Informatization* series. It covers the in-depth study and analysis of the above-mentioned characteristics. The report is based on solid and reliable data and facts, adopts perspectives and methods of social science research, and stresses theoretical, empirical and practical properties. It can be taken as an important reference for comprehensive understanding of global mobile internet industry and scientific decision-making by relevant authorities, industry associations and enterprises.

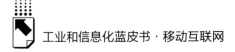

This report includes five chapters. The first part is General Report summarizing the overall characteristics of global mobile internet industry in 2015 and stating an outlook of industrial development in 2016. The second part is Industrial Reports describing the development pattern of relevant techniques, applications and equipment from mobile chips, mobile operating systems, mobile intelligent devices and communication network infrastructures. The third part is Application Reports analyzing several emerging applications including mobile transportation, mobile internet finance, mobile health and mobile education. The forth part is Reports on Hot Issues listing top 10 mobile internet hotspots of 2015. The final chapter is Reports on Enterprises evaluating the most 14 powerful enterprises in mobile internet industry based on annual operation, strategy and event studies.

目　录

Ⅰ　总报告

Ⅱ　行业篇

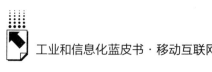

Ⅲ 应用篇

Ⅳ 热点篇

Ⅴ 企业篇

Ⅵ 附录

皮书数据库阅读**使用指南**

CONTENTS

I   General Report

II   Industrial Reports

Ⅲ   Application Reports

Ⅳ   Reports on Hot Issues

V   Reports on Enterprises

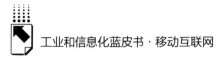

Ⅵ   Appendixes

总 报 告
General Report

B.1

2015年全球移动互联网产业发展综述

张金增*

摘　要： 2015 年，全球移动互联网处于持续高速发展阶段，市场规模、用户规模、数据流量、新兴企业等持续增长。智能手机出货量增速放缓，智能硬件发展空间巨大，迎来飞速增长。移动应用市场快速增长，互联网企业通过核心资源抢占生态圈。移动互联网与社会各领域深度融合，新应用、新模式不断涌现，驱动传统产业转型升级。4G 网络加速普及，5G 网络部署不断

---

* 张金增，工程师，工学博士，主要研究领域为移动互联网、大数据等。

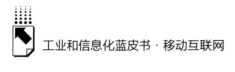

加快。

关键词：　移动互联网　智能硬件　生态圈　移动应用

一　移动互联网市场持续高速发展，以 BAT 为代表的中国企业崛起

全球移动互联网市场持续高速发展。根据 Digi-Captial 的数据，预计 2018 年全球市场总收入将达到 8500 亿美元，较 2014 年的 3000 亿美元增长近两倍。移动电子商务仍占主导地位，亚洲成为移动电商增长最快的地区，预计贡献全球约 50% 的销售额。

全球移动用户数稳步提升，中国手机网民规模继续保持增长。爱立信《移动市场报告》数据显示，2015 年，全球移动用户数达到 73 亿，智能手机用户数为 34 亿，预计 2021 年移动用户数将达到 91 亿，智能手机用户数将达到 64 亿（见表 1），其中，印度、中国、美国和缅甸的移动用户数增长最为迅速。根据 CNNIC 发布的第 37 次《中国互联网络发展状况统计报告》，截至 2015 年 12 月，中国手机网民规模约 6.20 亿，较 2014 年增加 6303 万人。网民中使用手机上网的人群占比由 2014 年的 85.8% 提升至 90.1%（见图 1）。随着手机终端的大屏化和手机应用体验的不断提升，手机作为网民主要上网终端的趋势进一步明显。

表1 移动互联网用户数量

单位：百万人，%

移动用户数	2014 年	2015 年	2021 年预测	2015～2021 年复合年增长率
全球移动用户数	7100	7300	9100	5
智能手机用户数	2600	3400	6400	10
PC、平板电脑和移动路由器用户数	250	250	350	5
移动宽带用户数	2900	3600	7700	15
仅使用 GSM/EDGE 的移动用户数	4000	3600	1300	−15
使用 WCDMA/HSPA 的移动用户数	1900	2200	3200	5
使用 LTE 的移动用户数	500	1000	4100	25
5G 用户数	—	—	150	—

资料来源：爱立信。

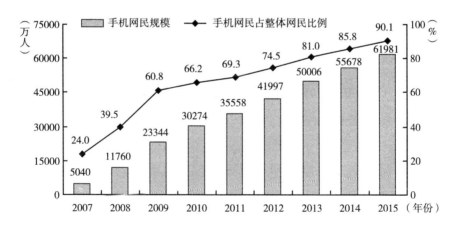

图1 2007～2015 年中国手机网民规模及占比

资料来源：CNNIC。

移动互联网数据流量增长迅速。根据 GSMA 统计数据，2014年，全球移动互联网流量相当于 2000 年全球互联网总流量的 30

倍，在全球互联网流量终端占比中，手机占 31%，平板电脑占 6.6%，而 PC 已下降至 62.4%。爱立信《移动市场报告》数据显示，到 2020 年，全球移动流量预计将增加 9 倍，80% 的移动数据流量来自智能手机。移动数据流量将以 45% 的复合年增长率增长（见图 2）。

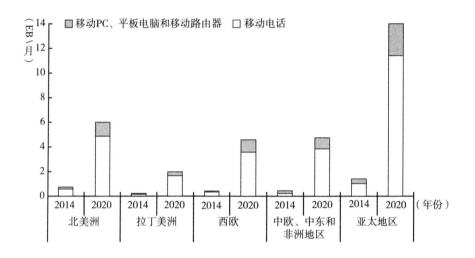

图 2　2014～2020 年全球移动流量变化情况

资料来源：爱立信。

移动互联网的新型企业发展迅速，中国企业强势崛起。根据 Digi-Capital 发布的报告，2015 年第二季度，移动互联网领域估值达到 10 亿美元的企业有 89 家，比第一季度增加 10 家，总估值为 8310 亿美元，增长 440 亿美元，其中 28 家企业估值增加 685 亿美元，估值变化最大的企业为 Uber、Facebook、Fitbit、58.com、cookpad 和 Ganji 等，除 Facebook 外，其他都属于新崛起的企业。从分布领域看，估值达到 10 亿美元以上的企业分布在 17 个领域

中，社交网络、移动电子商务、旅游交通类是估值增长最快的领域
（见图3）。从全球区域分布来看，美国企业占一半以上，中国排第
二位，占1/3，紧随其后的是日本、印度、韩国和英国（见图4）。
从企业排名来看，排名提升最快的是 Lyft（从第69位攀升至第37
位）、Ola（从第63位攀升至第36位）、Dianping（从第43位上升
至第19位），股价增长10亿~16亿美元的移动互联网企业有15
家。从全球互联网企业的发展情况来看，根据KPCB发布的《2015
年互联网趋势报告》，全球互联网企业市值排名前十五位的企业
中，中国企业达到4个，分别是阿里巴巴（第3位）、腾讯（第6
位）、百度（第8位）和京东（第11位）（见表2）。

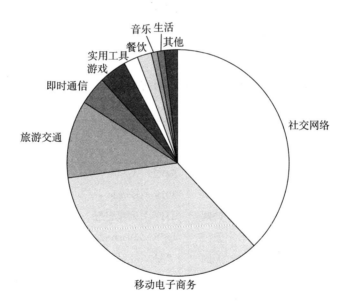

**图3 2015年第二季度全球移动互联网估值超10亿
美元企业领域分布**

资料来源：Digi-Capital。

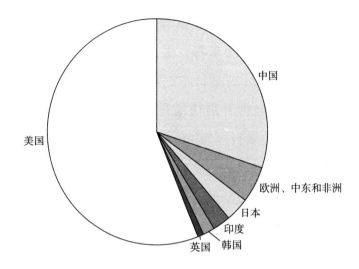

图4 2015年第二季度全球移动互联网估值超10亿美元企业区域分布

资料来源：Digi-Capital。

表2 按照市值全球互联网排名前15上市公司

单位：百万美元

序号	1995 年 12 月			2015 年 5 月		
	公司名称	国家	市值	公司名称	国家	市值
1	Netscape	美国	5415	Apple	美国	763567
2	Apple	美国	3918	Google	美国	373437
3	Axel Springer	德国	2317	阿里巴巴	中国	232755
4	RentPath	美国	1555	Facebook	美国	226009
5	Web. com	美国	982	亚马逊	美国	199139
6	PSINet	美国	742	腾讯	中国	190110
7	Netcom On-Line	美国	399	eBay	美国	72549
8	IAC/Interactive	美国	326	百度	中国	71581
9	Copart	美国	325	Priceline. com	美国	62645
10	Wavo Corporation	美国	203	Salesforce. com	美国	49173
11	iStar Internet	加拿大	174	京东	中国	47711

序号	1995 年 12 月			2015 年 5 月		
	公司名称	国家	市值	公司名称	国家	市值
12	FirefoxCommunications	美国	158	雅虎	美国	40808
13	Storage Computer Corp.	美国	95	Netflix	美国	37700
14	Live Microsystems	美国	86	Linkedin	美国	24718
15	iLive	美国	57	Twitter	美国	23965
前 15 大公司市值总和			16752	2415867		

资料来源：KPCB。

二 智能手机出货量增速放缓，智能硬件持续升温

智能手机出货量增速放缓，中国智能手机全球占比再创新高。据 IDC 数据，2015 年，全球智能手机出货量为 14.3 亿部，同比增长 9.8%，增速下降 16.2%。预计到 2019 年，出货量达到 18.62 亿部，增长率为 4.7%，出货量增长率将进一步小幅放慢。根据 TrendForce 报告，2015 年，全球智能手机出货量为 12.93 亿部，年增长 10.3%，其中中国手机品牌出货量高达 5.39 亿部，全球占比超过 40%，持续再创新高，囊括全球前十大手机品牌中的七个席次。

TrendForce 数据显示，从手机厂商市场份额看，2015 年，前五大手机厂商中，三星和苹果两大手机厂商仍占据前两位，中国智能手机在全球的出货量持续增长，以华为、小米、联想为代表的中国手机厂商占据第三、第四和第五位，在产品销量和市场份额上，与国外产品差距不断缩小。2015 年华为全球出货量突破 1 亿台，所

占市场份额为8.4%，与三星和苹果公司之间的差距有所收窄，在中国和欧洲市场上实现了强劲增长，成为全球第三大智能手机厂商，超越了小米。而小米和联想位于第四名和第五名，所占市场份额分别为5.6%和5.4%（见表3）。

表3 全球智能手机厂商市场份额分布

单位：%，百万台

排名	2014年		2015年		2016年（预测）	
	公司	市场份额	公司	市场份额	公司	市场份额
1	三星	27.8	三星	24.8	三星	22.2
2	苹果	16.4	苹果	17.5	苹果	16.8
3	联想+摩托罗拉	7.9	华为	8.4	华为	9.3
4	华为	6.2	小米	5.6	联想	6.1
5	LG	5.4	联想	5.4	小米	5.8
6	小米	5.2	LG	5.3	LG	5.0
7	酷派	4.2	TCL	4.0	TCL	4.0
8	索尼	3.9	OPPO	3.8	OPPO	3.9
9	TCL	3.3	步步高/vivo	3.3	步步高/vivo	3.4
10	中兴	3.1	中兴	3.1	中兴	3.1
	其他	16.6	其他	18.8	其他	20.4
总出货量	1172.3		1292.7		1397.1	

资料来源：TrendForce。

从系统份额看，安卓和iOS的市场份额仍居前两位，格局持续稳定。2015年，安卓的市场份额为81.2%，iOS的市场份额为15.8%，Windows Phone的市场份额为2.2%，其他为0.8%。安卓和iOS的市场份额同比增长9.5%和17.3%，Windows Phone和小众系统的智能手机份额持续走低（见表4）。

表4 2015年与2019年全球智能手机系统份额分布预测

单位：百万部，%

系统	2015 年			2019 年			
	出货量	市场份额	同比增长	出货量	市场份额	同比增长	5 年年复合增长率
安卓	1161.1	81.2	9.5	1538.1	82.6	4.8	7.7
iOS	226.0	15.8	17.3	263.4	14.1	3.1	6.5
Windows Phone	31.3	2.2	−10.2	43.6	2.3	11.4	4.5
其他	11.3	0.8	−16.8	17.1	1.0	6.5	4.7
总额	1429.7	100	9.8	1862.2	100	4.7	7.4

注：2015年与2019年数据为预测值。
资料来源：IDC。

移动互联网、物联网等技术的融合发展带动智能硬件形态更加多样化。智能硬件通过软硬件结合的方式，对传统设备进行改造，进而让其拥有智能化功能。目前，智能硬件产品主要集中在智能家居、可穿戴设备、智能交通、健康医疗、机器人、无人机等领域（见表5），智能硬件正在进入快速上升阶段。思科预计，到2020年，全球物联网设备将达750亿台。在全世界80亿人口中，每人届时将对应9.4台物联网终端设备。

表5 智能硬件产品分类

一级分类	二级分类	具体产品
智能家居	家电类	智能电视、盒子、插座、智能灯泡、扫地机器人、音响、智能空调等
	安全监测类	智能门禁、燃气监测、智能恒温、智能冰箱等
	家具类	窗帘、智能床等
可穿戴设备	手环手表类	手表、手环、戒指等
	头戴类设备	眼镜、头盔等
	追踪器类	防丢鞋、贴片等

续表

一级分类	二级分类	具体产品
智能交通	搭乘工具类	体感车、智能滑板、智能自行车、智能电动车等
	汽车配件类	导航仪、电子狗、行车记录仪等
	整车类	智能汽车、无人驾驶车
健康医疗	健康类	血压仪、电子秤、水杯、头带、睡眠监测等
	医疗类	手术机器人、血糖仪、心率仪等
	其他	机器人、无人机、智能玩具等

资料来源：iResearch。

全球可穿戴设备持续升温，智能手表和智能腕带成为市场主流。IDC 数据显示，2015 年，全球可穿戴设备的出货量将达到 7600 万台，与 2014 年的 2890 万台相比增长 163%。预计到 2019 年，全球可穿戴设备的出货量将达到 1.73 亿台，五年复合年增长率为 23%，智能手表成为推动全球可穿戴设备发展的主要产品。根据 Juniper Research 的数据，2015 年智能手表全球发货量约为 1710 万台，其中有 51.5% 是 Apple Watch，为 880 万台。而安卓可穿戴设备只占不到 10% 的市场份额。IDC 数据显示，Fitbit 在可穿戴设备市场优势明显，2015 年第三季度市场份额为 22.2%，相比于 2014 年第三季度的 230 万台上涨到 470 万台。中国可穿戴设备市场大幅增长。根据易观智库数据，2015 年，我国智能可穿戴设备预计市场规模将会达到 125.8 亿元，预计到 2017 年市场规模将达到 289.2 亿元（见图 5）。

智能家居高速增长，市场竞争激烈。据 ABI Research 分析预测，2014 ~ 2019 年，智能家居出货量的年复合增长率（CAGR）将达 67%，预计 2019 年全球智能家居出货量达 18 亿

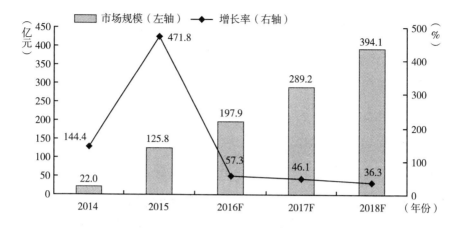

图5　2014～2018年中国可穿戴设备市场规模

资料来源：易观智库。

台（见图6）。谷歌、苹果等巨头企业及传统家居制造商纷纷在该领域布局，争夺市场份额。其中智能家电、安全报警系统、能源设备、智能恒温器、家居照明乃至物联网协议等领域的竞争尤其激烈。

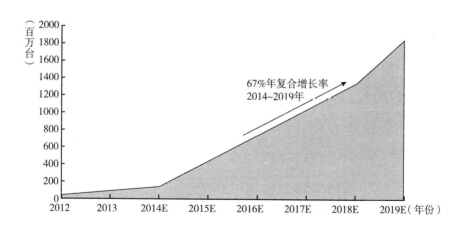

图6　2012～2019年全球智能家居出货量

资料来源：ABI Research。

全球智能机器人、无人驾驶车发展迅猛，企业纷纷布局。机器人行业主要分为服务机器人、工业机器人和特殊环境服役机器人三类。服务机器人将成为机器人领域最具潜力的增长点之一。据国际机器人联盟预测，全球服务机器人市场总值正以 20% ~ 30% 的速度增长，2015 年销售额将达到 85 亿美元。据 Juniper Research 预测，到 2020 年美国家庭机器人普及率将达到 10%。在无人驾驶车领域，2015 年 5 月，谷歌设计的无人驾驶汽车开始在公共道路上测试，8 月份 Uber 也开始研发自己的无人驾驶汽车技术，百度研发的无人驾驶汽车于 12 月完成混合道路上路测试，预计三年后商用。

三　全球移动应用规模持续增长，互联网巨头加速构建应用生态圈

全球移动应用市场持续增长，中国移动应用市场前景广阔。据 Flurry 数据统计，2015 年，移动应用的总体使用量增加了 58%，其中增幅最大的是个性化应用，增长了 332%；紧随其后的是新闻资讯类应用，增长了 135%，实用工具类应用增长了 125%，但手游类应用下滑了 1%（见图 7）。App Annie 报告显示，2015 年中国市场移动应用下载量超过美国，位居全球第一，收入较 2014 年翻番（见图 8），成为全球最大的 iOS 移动应用市场之一。截至 2015 年 5 月，我国第三方应用商店累计应用下载量超过 3000 亿次，超过谷歌全球的应用下载量。仅仅在国内市

场，接近 1000 款应用累计下载规模超过 1 亿次，超过 1000 万次下载的应用达 4000 款。

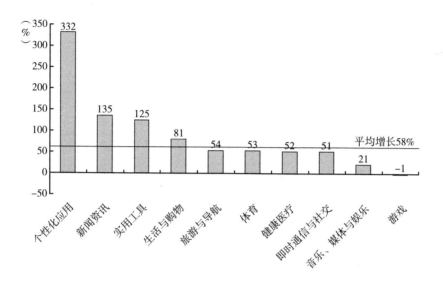

图 7　2015 年移动应用市场规模分布

资料来源：Flurry Analytics。

移动应用商店格局保持稳定，Google Play 下载量进一步增加，App Store 收入进一步提高。2015 年 App Store 应用商店的销售额超过 200 亿美元，苹果从 App Store 获利超过 60 亿美元。2015 年 6 月举行的 WWDC 大会上，苹果宣布 App Store 的总应用程序目前已经突破了 150 万个，下载次数突破 1000 亿次。App Annie 报告显示，2015 年在全球范围内，Google Play 下载量远高于 App Store，Google Play 应用程序下载量是苹果 App Store 应用程序下载量的两倍。但收入上，App Store 全球收入比 Google Play 高 80%（见图 9）。Windows Store 虽然与 App Store 和 Google Play 还存在不小的差距，

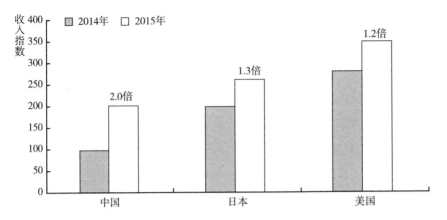

图8 2014～2015年iOS应用商店收入区域分布及增速

资料来源：App Annie。

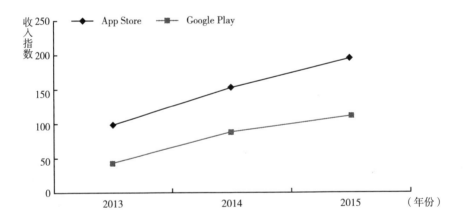

图9 2013～2015年全球应用年度收入情况

资料来源：App Annie。

但是继Windows 10系统推出之后，Windows Phone Store和Windows Store合并，市场潜力不容小觑，2015年12月，Windows Store访问量突破25亿次。

行业巨头通过优势资源抢占生态圈，移动应用生态体系竞争愈发明显。苹果、谷歌为了巩固其生态体系，通过 OS 布局入口类应用。VentureBeat 数据显示，谷歌的内置移动应用数量为 102 个，苹果的内置应用数量达到了 28 个，在即时消息、地图、浏览器、搜索、支付等关键应用领域发力。国内互联网企业阿里巴巴、腾讯、百度等基于自身的应用平台不断扩充更多功能和服务。从《互联网周刊》2015 年移动应用各细分领域排行榜可以看出，腾讯集成了社交、游戏、理财、支付、购物、打车等服务，百度集成搜索、出行、社交、本地生活、旅游等功能，阿里巴巴集成购物、理财、社交、旅游、交通出行等多项服务（见表 6）。三星、小米、华为等硬件厂商借助在硬件市场的份额及渠道优势，抢占移动应用市场份额。

移动资本市场投资回归理性，新型企业通过资本整合垄断市场。移动应用同类型竞争企业通过资本重组并购，加速规模扩张，打造端到端服务和以业务共生为特征的互联网生态圈，巩固行业内的寡头地位。2015 年 2 月，打车市场双寡头滴滴和快的实现战略合并，出行平台呈现一家独大局面。4 月，赶集网与 58 同城合并，进一步加快了生活服务相关的 O2O 领域布局。10 月，美团网和大众点评网合并，成为国内 O2O 领域中的领先平台。同样是 10 月，携程和去哪儿合并成为中国互联网旅游巨头。互联网企业通过规模扩张实现了市场份额的扩张，如携程和去哪儿、美团网和大众点评网、58 同城和赶集网合并后，基本实现了在垂直领域占有 70% 以上的市场份额。

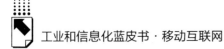

表6 2015年移动应用各细分领域排行榜

排名	视频	理财	音乐	电商	新闻	社交	自拍	工具	游戏
1	腾讯视频	支付宝钱包	酷狗音乐	淘宝	腾讯新闻	微信	GIF快手	猎豹清理大师	开心消消乐
2	爱奇艺视频	同花顺	QQ音乐	京东	今日头条	QQ	美颜相机	WiFi万能钥匙	天天酷跑
3	优酷	中国建设银行	酷我音乐	唯品会	一点资讯	QQ空间	美图秀秀	猎豹安全大师	欢乐斗地主
4	搜狐视频	大智慧	天天动听	天猫	凤凰新闻	微博	天天P图	QQ浏览器	天天爱消除
5	PPTV网络电视	中国工商银行	百度音乐	折800	搜狐新闻	陌陌	美拍	应用宝	全民飞机大战
6	土豆	借贷宝	多米音乐	蘑菇街	网易新闻	百度贴吧	in	手机百度	天天飞机
7	PPS	招商银行	网易云音乐	卷皮	新浪新闻	YY直播	潮自拍	腾讯手机管家	PopStart
8	百度视频	中国财富网	咪咕音乐	贝贝特卖	Flipboard	易信	360相机	UC浏览器	雷霆战机
9	乐视视频	中国银行	虾米音乐	苏宁易购	ZAKER	糗事百科	玩图FotoRus	金山电池医生	JJ斗地主
10	芒果TV	掌上生活	豆瓣FM	聚美优品	百度新闻	知乎	美妆相机	搜狗手机输入法	掌上英雄联盟

资料来源:《互联网周刊》。

四 移动互联网与各领域深度融合，驱动新一轮经济增长

移动互联网向社会各领域深度渗透，新应用新模式不断涌现，驱动传统产业转型升级，推动经济社会发展。连接线上线下的移动互联网应用存在广阔的市场空间，通过共享信息资源极大改善经济运行效率，重构新型经济形态，衍生出共享经济等众多新兴模式。在零售、金融、交通、医疗健康、教育等领域，移动互联网在交互渠道、提供模式、支付方式、商业模式等环节推进传统产业进一步升级演化，催生出诸多新兴业态，其中，在金融、医疗健康、教育领域还有很大的发展空间。

移动电商爆发式增长，跨境业务和 O2O 业务成为新亮点。2015 年，中国电子商务交易总额达 18 万亿元，成为世界第一大网络零售市场。据贝恩公司统计，到 2020 年，中国零售市场的线上渗透率将攀升至 22%，市场规模总计达 10 万亿元，移动电商占据约 70% 的线上零售份额。跨境电商飞速增长，阿里巴巴天猫"双十一"交易额突破 912.17 亿元，其中，移动端交易占比 68%，同比增长 25.4%。京东与腾讯达成战略合作计划，探索"社交 + 移动"电商模式。京东商城"双十一"当天下单总量突破 3200 万单，同比增长 130%，其中，移动端下单量占比达到 74%；微信购物和手 Q 购物在移动端的占比达 52%。据 Adobe 统计，美国感恩节和"黑色星期五"网购额达 45 亿美元，移动端为 15 亿美元，占比为 34%。其中，感恩节当天销售额为 17.3 亿美元，"黑色星期

五"销售额为 27.2 亿美元,而感恩节当天有 57% 的流量来自移动端,周五当天手机和平板占 34% 的销售额。同时,中国跨境电商飞速增长,打造全球化新商业生态。预计到 2020 年达到 1 万亿元总量。天猫启动"双 11"、"全球买"和"全球卖";京东"双 11"开启海淘嘉年华,主打母婴品类;苏宁易购开设日本馆、美国馆、韩国馆和欧洲馆等海外购频道;小红书、洋码头、蜜芽等一批新的跨境移动电商异军突起。以移动电商为基础打造的上门服务、到家服务等 O2O 项目仍将保持快速发展态势,BAT 企业在 O2O 领域继续发力。中国电子商务研究中心数据显示,2015 年上半年,我国 O2O 市场规模达 3049.4 亿元,同比增长 80%。

移动互联网金融市场发展迅猛。移动支付作为各种商业的关键环节,吸引了众多企业进入,并得到迅速普及。据 IDC 预测,2015 年全球移动支付交易额达到 4909 亿美元,2017 年将突破 1 万亿美元,其中 66% 来自移动电子商务。支付方式中,NFC(近场通信技术)增长速度加快,所占份额位居第二,为 25%;二维码支付和 P2P 支付分别占到 2% 和 7%。而中国 2015 年第三季度第三方移动支付市场交易规模达 24204.9 亿元,同比上涨 64.3%。除了支付宝、微信支付、财付通、快钱等成熟移动支付公司继续在不同领域发力外,苹果和三星等手机制造商、移动和联通等运营商、电商企业京东均推出对应的支付产品,企图争夺支付市场的份额。同时,P2P 网贷市场也异常活跃,贷款余额再创新高。第一网贷统计数据显示,截至 2015 年末,全国 P2P 网贷的贷款余额 5582.20 亿元,同比增长 302.55%。

移动交通出行行业整合加剧,寡头格局出现。从全球看,预计

2015年，Uber净营收将超15亿美元，比上年增长两倍，中国订单占全球的30%。艾瑞咨询数据显示，2015年，中国移动出行用车用户规模将达2.69亿，同比增长27.5%，用户增长有所放缓。除了打车、专车、拼车、租车业务方式外，出现了顺风车、代驾等新型业务方式。2015年2月，滴滴和快的合并，成立滴滴出行，滴滴出行涵盖了出租车、专车、快车、顺风车、代驾、巴士、试驾等多项业务。从用户规模、平台注册司机数量、覆盖城市范围来看，滴滴出行已基本实现垄断，市场格局基本稳定。根据易观智库最新数据，2015年第三季度，滴滴专车市场份额达到83.2%，Uber为16.2%。移动拼车、移动专车、移动租车以及代驾等出行细分领域则呈现蓬勃发展局面，竞争较为激烈。其中，在移动租车领域，形成了神州租车、易用到车、一嗨租车三足鼎立的局面。

车联网需求日益增大，提供服务更加多样化。GSMA发布报告显示，2018年，全球车联网的市场总额将达390亿欧元，较2012年增长3倍，其中来自基于内嵌SIM技术的汽车移动互联占比将达83%。2015年中国车联网市场规模将达1550亿元，增长率为40.9%。移动智能终端提供商、互联网企业开始布局车联网市场，目前仍然是以应用和服务为主，并最终以O2O服务实现资源变现。2015年苹果的Carplay和谷歌的Android Auto在汽车上不断得到应用，相关APP数量增长，软件服务成为车联网应用持续性收入来源的趋势正在凸显。据统计，搭载CarPlay与AndroidAuto平台的汽车预计2015年将分别增至3700万辆和3100万辆。在硬件领域，目前车联网在汽车前装市场渗透率低，在后装市场空间巨大，新型车联网将以大数据为基础向汽车后装市场渗透。

移动医疗健康发展空间巨大，服务业态丰富多样，以不同的垂直领域满足用户的多元化需求。据 PWC 数据统计，预计到 2017 年，全球移动医疗市场规模将达到 230 亿美元，其中主要分布在医疗监测、诊断、治疗等领域。中国移动医疗呈现问诊、挂号、自诊自查、疾病管理等多个垂直细分领域共同发展的形势，业务模式不断创新。易观智库数据显示，2015 年中国移动医疗市场规模将达到 48.8 亿元，较 2014 年增长 62%，预计 2018 年市场规模接近 300 亿元。2015 年，移动医疗市场出现商业健康保险、线下诊所收费、药品销售等不同的盈利点，但都还处于市场探索阶段。

五　4G 网络加速普及，5G 网络加快部署

全球 4G/LTE 用户数快速增加，4G 替代 3G 速度进一步加快。GSA 统计数据显示，截至 2015 年 3 月底，全球 LTE 用户数已达6.35 亿，仅 2014 就增加了 3.82 亿 LTE 用户，年增长率高达151.4%。截至 2015 年底，全球 LTE 用户数将超过 10 亿，到 2020 年底这一数字将接近 37 亿，LTE 用户数将超过全球 3G/WCDMA 用户数。从区域分布看，欧洲仍然在努力提升其整体市场份额，目前占据全球 16.4% 的 LTE 用户市场份额。亚太地区仍旧是市场领导者，占据 49% 的份额，紧随其后的是北美洲，市场份额为 28.3%。

全球移动宽带渗透率迅速提升，4G 网络部署步伐继续加快。GSMA 数据显示，2014 年全球 4G 运营商数量达 352 家，4G 网络用户覆盖率为 26%，2015 年底将达到 36%，到 2020 年用户覆盖率将达到 63%（见图 10）。2015 年 4G 连接终端数将达 8.75 亿，占总

连接的 12%。到 2020 年 4G 将占全球连接终端的 30% 以上。其中，欧洲 2015 年 4G 连接终端数占移动总连接数的份额将从 2015 年的 60% 增加至 2020 年的 76%。

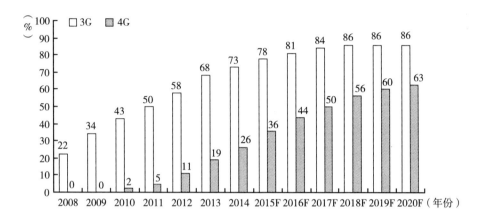

图 10　2008～2020 年全球移动宽带（3G + 4G）用户覆盖率

资料来源：GSMA。

LTE 网络的数量在快速增长，TD-LTE 与 LTE FDD 共同部署的需求日益强烈，LTE-A、VoLTE 蓬勃发展。根据 GSA 的统计，截至 2015 年 4 月，全球 181 个国家的 644 家运营商正在进行 LTE 投资。已经商用部署的 LTE 网络达 393 个，仅 2014 年一年商用部署的 LTE 网络就增加了 107 张，预计 2015 年底，全球商用部署 460 张 LTE 网络。在网络制式方面，全球大部分运营商采用 FDD 模式，但 TDD 模式也在各地区持续发展，尤其是在中国。GSA 统计数据显示，54 家运营商在 34 个国家部署了 TD-LTE 网络，占比超 1/8。16 家运营商同时部署了 TDD 和 FDD 网络。在技术方面，LTE 技术升级和 LTE 语音技术 VoLTE 快速展开。116 家运营商正在进行 LTE-A 的技术试验，重点投资载波聚合（CA）技术。GSA 统计数据显示，全球共有64家运营商在69个国家部署了LTE-A技术，占比1/6。16家运营商在7个国家推出了基于VoLTE的HD语音服务，比2014年同期翻了一番，2015年，更多的运营商将部署VoLTE。在频谱方面，1800MHz是全球LTE部署最主要的频段。GSA统计数据显示，截至2015年7月，有89个国家的187张商用LTE网络选择在这一频段部署，而选择在2.6GHz和800MHz频段上部署的LTE网络则分别为100张和91张，11家运营商使用700MHz频段推出了LTE商用服务。

中国4G牌照发放以来，用户规模高速增长。工信部数据显示，截至2015年12月，4G用户达到3.86亿，用户渗透率达到29.6%，占全球总LTE用户数的35%左右。中国4G网络建设基站超过了134万个，已经建成全球最大的第四代移动通信（4G）网络，与此同时，4G网络承载流量激增。此外，2015年下半年开始，中国电信、移动、联通三大运营商陆续推出"天翼4G＋""移动4G＋""沃4G＋"战略，推动4G网络的升级和VoLTE的商用，采用载波聚合技术，实现网速加倍提升，其中，联通的网速可逐步提升至1Gbps，网速竞争提高到新的水平，通过VoLTE技术商用，实现高清语音通话功能（见表7）。

全球5G网络部署加快，多国竞追5G战略制高点。韩国、日本、美国、中国、英国和德国等多个国家已纷纷着手研发5G技术，5G网络将在2020年正式商用。爱立信数据显示，到2021年全球5G移动用户数将达到1.5亿。据GSA预测，2025年5G网络部署将达到270处。中国也已投入巨资展开5G网络的研发布局，进而在整个产业占据主导地位。目前，中国5G从前期的研究阶段进入国际标准研究阶段，5G国际标准化拉开序幕。5G商用后，在互联网、电子医疗、交通安全、智能电网、休闲娱乐、物联网等各个领域展开广泛应用，将成为全新的信息技术基础设施。

表7 2015年中国三大运营商4G战略规划

战略名称	发布时间	网速	目标
"移动4G＋"	2015年9月	下行三载波聚合的理论峰值将达到330M，下载速率将提升1倍	持续推进4G的网络升级，在全国部署超过10万个4G载波聚合CA基站，覆盖国内所有地级以上城市的核心城区、热点区域。2016年6月约有260个城市实现VoLTE商用，下半年推动RCS全面商用
"沃4G＋"	2015年12月	双载波聚合的峰值速率下行已经超过300Mbps，上行超过75Mbps，预计网速逐步提升至1Gbps	加快4G网络建设步伐，4G网络完善覆盖、网速加倍以及通话体验提升
"天翼4G＋"	2015年7月	下行峰值速率可达300Mbps（目前FDD峰值速率为150Mbps，TDD峰值速率为100Mbps），上行峰值速率可达50Mbps	2017年底使4G网络达到天翼3G网络同等覆盖水平，实现VoLTE商用。完成4G网络的全国覆盖及"4G＋"网络的全国覆盖。聚焦"4G＋"和"光宽带"两大业务核心，在智慧家庭、翼支付和物联网三大领域取得突破

资料来源：由工业和信息化部电子科学技术情报研究所整理。

六　移动互联网发展展望

展望2016年，全球移动互联网将进入新的发展阶段，移动互联网市场将继续高速发展。移动互联网与传统行业融合水平显著提升，持续向纵深推进，新应用、新模式、新生态进入快速发展阶段。

新兴技术和行业巨头推动智能硬件愈发成熟和普及。可穿戴设备成为移动设备新的产业增长点，市场潜力巨大，将对医疗健康、金融、教育、游戏等领域产生巨大影响。根据 TrendForce 的研究，2016 年，可穿戴设备出货量将达到 1.12 亿部，同比增长达到64%。2016 年，VR/AR（虚拟现实/增强现实）投资热潮大涨，迎来发展最关键的一年，各大企业相继进入行业，通过并购和投资纷纷加快布局，行业竞争格局逐步形成。据 BI Intelligence 的报告预测，虚拟现实硬件市场规模将在未来几年迅猛增长，未来 5 年的复合年增长率将高达99%，到2020 年营收规模将达到28 亿美元。智能家居、智能机器人将在主流厂商的推动下继续保持快速增长。无人驾驶汽车、互联网汽车将进入大发展阶段，苹果的 CarPlay、谷歌的 AndroidAuto 等平台进一步蚕食汽车领域，而无人机在物流、农业、能源、房地产等领域具有广阔的应用前景，但存在技术突破、法律和监管等诸多问题。

移动互联网与传统行业融合进一步加速，传统行业的互联网融合水平将显著提升。移动互联网使得零售、金融、交通、医疗健康、教育等传统行业进一步转型升级，寻求全新的管理与服务模式，为用户提供更好的服务体验，更加具有市场竞争力。2016年，金融、医疗等领域将迎来黄金发展期。金融创新继续繁荣，移动支付市场风起云涌，不断颠覆传统的消费习惯，向企业和用户基础生活深度渗透；而金融创新模式 P2P 将继续向各类垂直市场拓展。与此同时，缺乏监管也导致乱象丛生，需要行业整顿来引导行业有序发展。移动医疗健康成长空间巨大，存在巨大商机，资本市场投资热涨。传统医药厂商竞相加入电商战局，有望迎来爆发式增长，通过互联网有效降低药品销售对医院渠道的依赖性，打造完整的医药电商平台；精准医疗关注度进一度提升，成为各路资本争相追逐的热点；移动健康医疗呈现垂直多元化和个性化发展，随着健康管理需求不断增长，移动健康监护应用层出不穷。

在移动应用领域，企业移动化趋势明显，企业级移动应用市场空间巨大。据 Gartner 预计，到 2017 年，企业移动应用的需求增长速度将至少为供给速度的 5 倍。个性化应用需求日益增多，个性化定制的出行、住宿、家政等服务快速涌现。移动游戏和移动视频等成熟移动应用仍是企业收入的主要驱动力。移动游戏继续霸占移动应用收入排行榜，面对大众对移动游戏竞技需求的增长，活动赞助、转播权限、游戏直播将成为手机游戏商新的收入来源；而移动视频作为互联网流量的主要入口，将进一步发展壮大。

在通信基础设施建设方面，下一代 WiFi 即将到来，2016 年，新标准草案将进入市场使用，新的 WiFi 标准将使 WiFi 热点变得更快捷和更可靠。全球 5G 网络加快部署，多国竞追 5G 战略制高点。计划 2018 年完成 5G 技术规范，2020 年正式商用。韩国、日本、美国、英国、德国、中国等多个国家已纷纷着手研发 5G 技术和 5G 标准的制定，争取 5G 战略制高点。

在互联网治理方面，以网络安全法为代表的网络安全立法进程将进一步加快。针对保障网络产品和服务安全、网络数据安全、网络信息安全等做出明确规定；在网络运营者采取数据分类、重要数据备份和加密等措施，防止网络数据被窃取或者篡改等方面，明确网络运营者处置违法信息的义务。互联网治理问题日益提上议事日程，沿着建立网络命运共同体的方向，中国在国际互联网治理中将发挥更加重要的作用，以强化网络主权，加强网络安全，推动网络共享共治。

行 业 篇

Industrial Reports

B.2
移动芯片产业进入成熟期，
"中国芯"逆势崛起

陈新华*

摘　要： 2015 年的移动互联网芯片市场，竞争热度不亚于智能手机市场，高通被反垄断调查、联发科冲击高端市场、紫光强势收购芯片企业。市场竞争激烈，芯片巨头高通、联发科利润双双下滑，产业并购频繁。与此同时，国产芯片自给能力逐步提升。

关键词： 中国芯　产业并购　IC 研发

* 陈新华，北京建筑大学机电学院讲师，工学博士，主要研究领域为微机电系统、3D 芯片等。

一 移动互联网芯片格局逐渐多极化

2015 年，随着全球智能手机市场逐渐饱和，移动互联网市场从强势增长的蓝海逐渐进入白热化竞争的血海，这种竞争形势已经蔓延到移动互联网的整条供应链，尤其是移动互联网芯片市场。

据高通 2015 年财报显示，高通第四财季营业收入为 55 亿美元，比 2014 年同期下滑 18%，净利润比 2014 年同期下滑 44%，移动互联网芯片的营业收入更是下滑 25%。作为高通的主要竞争对手，联发科同样难以幸免，2015 年第四财季财报净利比 2014 年同期下滑 59.8%。三星公司 2015 年第四季度净利润为 3.24 万亿韩元（约合 27 亿美元），同比下降 39%。

与此同时，国产芯片自给能力正逐步提升。市场研究机构 TrendForce 提供的数据显示，2015 年中国内地有 9 家公司跻身"全球芯片设计和销售排行榜前 50 强"名单，而 2009 年仅有 1 家公司上榜。在移动互联网领域，2015 年，中国 IC 产业的总体发展态势良好，技术水平不断提高、市场地位更为稳固。4G 手机中国产芯片占比持续提升（见图 1）。除此之外，中国移动智能终端、CPU 等领域出现重大突破，一批明星企业的发展十分抢眼。在 2014 年的芯片品牌分布中，高通和联发科平分秋色，三星位居第三，三足鼎立之势基本成型。而在 2015 年的芯片品牌分布中，华为海思、英特尔以及瑞芯微都有较大幅度的增长（见图 2）。紫光集团在成功并购展讯通信和锐迪科之后实力大增，拥有高、中、低端搭配的

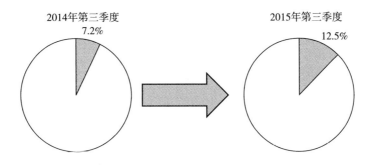

图 1　4G 手机中国产芯片占比

资料来源：由工业和信息化部电子科学技术情报研究所整理。

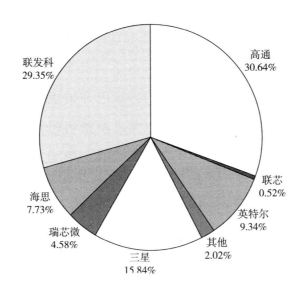

图 2　2015 年安卓设备芯片品牌分布

资料来源：由工业和信息化部电子科学技术情报研究所整理。

完整产品线，移动通信终端 SoC 年出货量接近 6 亿只，市场占有率接近 30%，稳居世界前三位，与第二名的差距明显缩小。海思半导体也在 2015 年跻身全球十大芯片设计公司之一。海思半导体的移动智能终端芯片全面应用于华为的整机产品，海思移动互联网芯片的设计能力基本与高通同步，整体性能比肩国际最先进的同类产品水平，装备海思高端芯片的华为高端智能手机得到广大用户的认可，市场供不应求。我国企业的智能手机芯片已经具备了与国际一流厂商全面竞争的实力。

与此同时，移动互联网通信领域北斗国际标准化工作顺利完成，国际标准已于 2015 年正式发布，3GPPR12 正式支持网络辅助北斗定位技术。2015 年 7 月，展讯、海思、联芯公司分别发布了自主研发的 40nm 北斗/GPS、WiFi、蓝牙、调频（FM）四合一低功耗、高集成度北斗定位芯片以及智能手机整体解决方案，从而一举打破国外厂商在智能手机 GNSS 芯片市场的垄断地位。2015 年，华为基于海思自研北斗芯片的终端已开始规模出货。

高通、联发科的成与败，与中国市场密切相关。中国 IC 产业正处于大力发展之中，2014 年国家集成电路产业投资基金（亦称"大基金"）的推出是一个重要标志，中国芯片产业占全球产业的比重达 56%。2015 年，中国厂商使用各类芯片共计 1450 亿美元，但这一需求只有 1/10 是由中国大陆芯片行业产出的。手机芯片产业凭借每年数百亿美元的产值，以及其对中国手机产业的重要性，获得了"大基金"的垂青，展讯的崛起成为不争的事实，甚至连英特尔也向展讯投资了 90 亿元。表面上看大基金似乎解决了企业的融资难题，实际上更深层次的作用在于要解决中国 IC 产业迅速向市场化机制过渡的问题。"大基金"作为产业发展中的"桥梁"，其最终目的是通过提升企业的竞争力，让产业加速向市场化机制过渡。

二 移动互联网芯片产业并购频繁，系统整机厂商强化 IC 研发

2015 年 12 月，自并购展讯、锐迪科公司后，已成为全球第三大移动互联网芯片企业的中国紫光集团，再次豪掷近 135 亿元人民币成为台湾矽品精密和南茂科技的第一和第二大股东。紫光集团在 2015 年已确定的投资额达到 72.9 亿美元，并计划未来五年内，进一步投入 450 亿美元进行收购。这只是 2015 年移动互联网芯片产业大规模并购的"冰山一角"。纵观全球产业，2015 年，全球 IC 企业进行水平整合是大势所趋。

根据研究公司 Dealogic 统计，截止到 2015 年 8 月，半导体产业并购交易规模接近 12000 亿美元，创下历年来的最高纪录，交易金额已达到 2014 年全年的 4 倍以上（见图 3）。2015 年 3 月，新加坡安华高科技以 370 亿美元的现金和股票收购了为全球约 50% 的平板电脑和智能手机生产芯片的芯片厂商博通公司；11 月，安森美半导体宣布以约 24 亿美元总价收购快捷半导体，合并之后的公司将成为电源芯片领域的第二大供应商，主要聚焦汽车、工业与智能手机终端等应用领域。一桩桩并购不断刷新着该行业的认知，抱团取暖成了应对行业困境的最佳选择，强强联合成为新趋势，不少领域已形成 2~3 家企业垄断的局面，产业格局面临重塑。2015 年芯片产业并购潮，正是芯片产业由传统 PC 端转移到移动端的反映。同时，在不断攀升的研发成本压力下，拼设计以及技术整合能力正成为芯片厂商的主流。

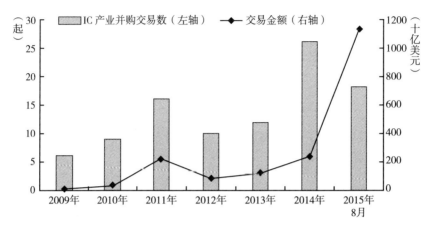

图3　IC产业并购趋势

资料来源：由工业和信息化部电子科学技术情报研究所整理。

此外，越来越多系统整机厂开始自主研发芯片，预计占比将从2010年的4%提升到2020年的14%。根据IC Insight 2015年12月的数据，2015年全球十大无工厂设计商（Fabless）的总营收估计将下滑5%，主要是受到高通的Fabless营收下降20%的影响，高通的营收由2014年的200亿美元下降至2015年的160亿美元。IC Insights指出，高通营收骤降，表面上看是因为三星决定改采用自家的Exynos系列处理器，不再向高通下订单，实际上反映了一个趋势，一些系统制造商如苹果、三星、华为等为了增强产品的差异化，纷纷自行研发处理器芯片（见表1）。传统芯片厂商包括集成设备制造商（IDM）和Fabless不得不逐渐调整自己的定位，成为多家系统厂商的第二或第三货源供货商。

手机厂商自主研发芯片既可以减轻对上游供应链的依赖，打造自己的特色，又可以降低整机成本，提高利润。苹果一直采用自研处理器。从2015年第二季度开始，三星主流旗舰Galaxy S6及S6 edge 也开始使用自研处理器，虽然使用了高通的基带芯片，不过对高通的影响显而易见。

表1 系统整机厂商强化 IC 研发

单位：百万美元

公司	R&D	芯片产值	公司	R&D	芯片产值
苹果	615	6982	西部数据	46	325
华为	257	2168	谷歌	44	98
博世	107	1184	总计	1123	11167
希捷	54	410			

资料来源：由工业和信息化部电子科学技术情报研究所整理。

华为早在2012年就推出了海思K3V2，之后还有麒麟910/920/930/935等芯片，但都表现一般，直到2015年11月麒麟950面世，首发A72架构CPU和Mali-T880MP4 GPU才算是重新挽回了公众的信心，特别是自研的14位双ISP还提升了芯片的自主水平，算是走上了良性迭代的正轨，这也将成为华为2016年旗舰机的标配。然而，这颗芯片虽然在处理运算性能上完胜2015年的各大芯片，但图形性能方面却还是软肋，面对即将大面积上市的骁龙820、Exynos 8890不免乏力。同时，没采用支持Cat 12/13的Balong 750，仅配备Cat 6规格LTE基带也成为竞争对手的打击面。除了华为，小米和中兴也是蓄势待发。小米2015年和联芯科技成立了北京松果科技，并在红米2A上使用了联芯的LC1860C处理器。小米研发的相关处理器将在2016年面世。此外，日本索尼、韩国LG电子，乃至美国谷歌，都计划开发自有芯片。

三　计算和通信芯片技术升级，速度加快，FinFET 工艺决战即将展开

2015 年，64 位架构已成为国内外移动互联网企业所推出平台 AP 的主流架构。未来 AP 芯片重点与其他芯片协同优化，并结合先进制造工艺升级演进。五模产品布局在全球主要芯片企业均已实现，支持载波聚合程度也愈来愈高，而射频及前端随移动通信技术的升级日趋复杂。射频芯片多数由高通、联发科等主控芯片企业同步提供。未来随着射频及前端一体化解决方案不断增多，主控芯片企业集成竞争优势将快速显现。

随着移动终端产品以及可穿戴产品的一步步普及，智能产品对芯片工艺的要求也日益增高，各大芯片供应商全面开启加速模式。2015 年以来，16nm/14nm 工艺的处理器已经在高端旗舰手机产品上开始普及，这其中，三星基于 14nm 工艺的 Exynos 7420 处理器已经达到了业界顶尖水平，性能全面碾压高通骁龙 810。11 月 5 日，海思麒麟采用台积电 16nm 工艺的 FinFET plus 技术研发的新一代手机 Soc 芯片麒麟 950 首次亮相，标志着我国芯片行业在高端芯片产品上已经有所建树。

尽管全球 IC 产业增长的步伐减缓，但是先进制程方面没有停步，反而加快。英特尔、三星及台积电三足鼎立，领先于全球的态势越来越突出（见表 2）。目前，新制程增长比以往都快，16FFC 制程速度相对于 28nm 加快了 65%，功耗相对于 28nm 节省了 70%。10nm FinFET 工艺决战即将展开，10nm 的率先推出与品牌

效应有关，是技术与商务营销的综合考虑。

IC 产业的重大技术转折点，必须依靠材料创新来实现。特别是在目前下一代 EUV 光刻技术尚未到位，预计要到 7nm 后才会上线之际，现阶段必须通过材料创新与制程进展来实现目标。从目前的进程看，IC 产业在先进制程方面有可能迈入 5nm。

表2 IC 产业三强先进工艺开发进程与资本支出概况

公司	三星	英特尔	台积电
10nm 工艺量产进程	2016 年中期	2017 年底	2017 年初
2015 年资本支出	130 亿美元	72 亿美元	80 亿美元
用途	强化 14nm 等代工先进工艺	强化自家芯片组与代工先进工艺	强化 16nm 代工工艺，并为 10nm 工艺做准备
说明	由 135.78 亿美元，降至 130 亿美元，降幅 4.3%；是三家中降幅最小的	三度削减资本支出，降幅高达 28.7%	二度削减资本支出，降幅达 24%～27%

资料来源：由工业和信息化部电子科学技术情报研究所整理。

四 移动存储芯片设计制造一体化趋势明显，中国存储芯片开启破局之路

随着移动互联网终端设备的数据消耗与创造量的暴涨，存储芯片容量和性能对移动设备的发展越发关键。存储器是 IC 产业的风向标。2015 年全球存储器业表现平平，据 IC Insight 预测，2015 年全球存储器业总营收 834 亿美元，DRAM 占 63%，为 525.4 亿美元；Flash 占 35%，为 292 亿美元，其中 NAND 闪存占 91.4%，为 267 亿美元，NOR 闪存占 8.6%，为 25 亿美元。

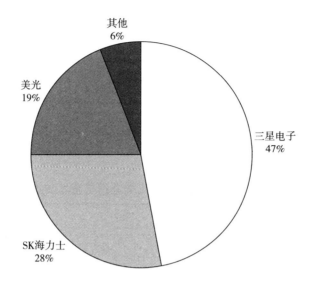

图4　2015年第三季度全球DRAM市场占有率

资料来源：由工业和信息化部电子科学技术情报研究所整理。

从图4中的2015年第三季度全球DRAM市场份额统计数据可以看出，三星电子、SK海力士、美光的市场占有率分别是47%、28%和19%，合计达到惊人的94%。三星寡头垄断地位显著。而ROM存储芯片市场呈现美、日、韩三分天下的稳固垄断格局，32GB正逐步成为新门槛。目前移动DRAM和ROM芯片主要供应商均采取"设计+制造"发展模式。尽管目前全球存储器竞争格局维持平衡状态，然而近期各厂投资动作频频，包括三星电子、美光与东芝为量产3D NAND Flash，纷纷投资建厂或以既有生产线进行转换，SK海力士亦可能利用M10厂生产3D NAND Flash，业界预期，未来3~4年内存储器产业既有平衡局面恐将被打破。3D NAND技术是未来存储器产品主流，然而技术层次及难度很高，目前在制程合格率上仍面临许多挑战，预计2016年真正顺利量产的

存储器厂商只有三星，其他业者仍在全力追赶中，全球 3D NAND
赛局将揭开序幕。

目前，我国大陆的存储器产业基本空白，几乎 100% 依赖进
口，但已开始奋起直追。2015 年 5 月，武汉新芯第一片测试芯片
通过存储器电学验证，并募集约 240 亿美元打造中国的存储芯片产
业基地，紫光集团已计划投资 120 亿美元开展存储芯片业务。

五 VR/AR 等应用兴起，推升应用处理器性能更加智慧化

虚拟现实（Virtual Reality，VR）已成为智能硬件领域备受瞩
目的新趋势，并且开始向移动领域延伸。宏达电子、三星、索尼等
移动互联网智能手机厂皆争相布局，手机处理器厂也加紧推出具备
更高 GPU 运算性能的新一代方案，抢搭应用商机。

2015 年 11 月，高通发布了骁龙 820 处理器，该处理器有望为
用户提供良好的智慧型体验，其连接技术、全新功效和性能都有突
破性表现，而图形及摄影镜头功能也十分惊艳，是高通 2016 年针
对移动互联网市场强打的主力产品。高通为凸显其产品差异并保持
领先地位，积极研发新技术，骁龙 820 即加入虚拟实现和自我学习
（Self Learning）的功能。Snapdragon 820 结合了高通首款定制化设
计的 64 位四核心 Kryo 中央处理器（CPU），可带来高达两倍的性
能和功效提升，此外，骁龙 820 还内置高通全新的 Hexagon 680 数
位信号处理器（DSP），可满足超低功耗且常时启动（Always-on）
的感测器，以及低功耗图像处理需求，分担 CPU 的处理负荷，进

一步提升系统性能与电池续航能力。事实上，除高通已发布支持虚拟现实运算功能的骁龙 820 处理器外，2015 年 11 月，三星电子发布的新一代 64 位八核心行动处理器——Exynos 8 Octa 8890，也首度支持虚拟现实应用，与高通互相竞争。

除了智能手机处理器厂积极强化图像与视觉处理功效外，传感器开发商也加紧研发新一代传感器中枢方案，期待协助移动互联网制造商打造更智慧化的情境感知应用功能，进而吸引更多消费者目光。市场研究机构 IHS 数据显示，2015 年，整个传感器中枢出货量超过 10 亿颗，预计 2018 年，将达到约 20 亿颗的出货量。多年来，三星、苹果和摩托罗拉一直在它们的智能手机上使用传感器中枢。2015 年，苹果摒弃原来的分立微控制器（MCU）方案，在 iPhone 6S 上，采用了将传感器中枢集成于应用处理器的解决方案。未来几年，应用处理器整合传感器中枢，将逐渐主导中高端智能手机领域。三星也正在测试其他传感器中枢替代方案，在 Note 4 和 Galaxy S6 智能手机中使用博通公司（Broadcom）集成传感器中枢的全球导航卫星系统（GNSS）。随着集成传感器中枢应用处理器需求的增长，微控制器和其他分立传感器中枢的市场份额将会下降。高通骁龙 400 芯片和其他集成传感器中枢的应用处理器开始逐渐渗透整个可穿戴设备市场。

B.3
移动操作系统生态体系竞争愈发激烈

张金增*

摘　要：　全球移动操作系统"两强一弱"的市场格局已经确定，小众操作系统在差异化布局中寻求市场出路。谷歌、微软和苹果三大企业巨头加快多平台融合步伐，为用户带来统一的体验；谷歌和苹果全面布局自己的生态圈，生态系统竞争更加激烈。国内移动操作系统在技术和生态体系构建上有所突破，众多国内厂商展开产业化布局。

关键词：　移动操作系统　平台融合　生态体系

一　移动操作系统市场格局已定，小众系统艰难前行

全球移动操作系统"两强一弱"的市场格局已经确定。其中，两强是谷歌的安卓系统和苹果的 iOS 系统，一弱是微软的 Widows 系统。2015 年，安卓和 iOS 的市场规模仍然占据垄断地位，Windows

---

* 张金增，工程师，工学博士，主要研究领域为移动互联网、大数据等。

系统依旧没有起色，市场占比进一步萎缩。Gartner 数据显示，2015
年第三季度，安卓的市场占有率为 84.7%，同比增长 1.4 个百分点；
iOS 为 13.1%，同比增长 0.6 个百分点；Windows Phone 为 1.7%，
同比下降 1.3 个百分点；小众系统占比为 0.63%（见图1）。

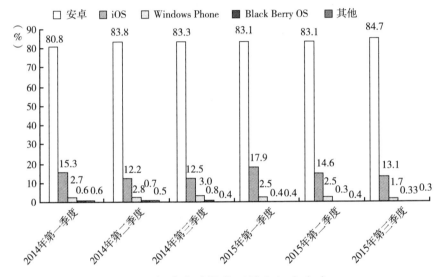

图1　全球移动操作系统市场占有率

资料来源：IDC。

虽然移动操作系统的市场掌控在谷歌和苹果两大巨头手中，但
越来越多的小众系统在差异化布局中寻求出路，谋划发展。据统
计，目前全球范围内现存的移动智能终端操作系统约有 15 个，虽
然除安卓、iOS、Windows Phone 和 Black Berry OS 外，其他移动智
能终端操作系统所占市场份额仅有 0.3%，但是这些企业并未放弃
争取竞争主导权，不断向 HTML5、云计算等投入资金和力量，未
来这一市场仍然存在新的变数。目前的主要移动智能终端操作系统
产品及特点如表1所示。

表1 主要移动操作系统产品及特点

公司名称	发布时间	产品名称	产品特点
苹果	2007年9月	iOS	由苹果公司为iPhone开发的操作系统,主要给iPhone、iPod、Touch以及iPad使用
谷歌	2008年9月	安卓	基于Linux平台的开源手机操作系统,由操作系统、中间件、用户界面和应用软件组成
微软	2010年10月	Windows Phone	一款手机操作系统,将微软旗下的Xbox Live游戏、Xbox Music音乐与独特的视频体验整合至手机中
英特尔、三星	2012年2月	Tizen	整合了LiMo和MeeGo两个操作系统,不仅可以用于手机,也可以用于平板电脑、智能电视、车载系统
移动研究公司(RIM)	2010年9月	BlackBerry OS	为智能手机产品黑莓开发的专用操作系统,具有多任务处理能力,支持特定的输入装置,如滚轮、触摸板、触摸屏等
Indus OS	—	Indus OS	一款印度开发商开发的基于安卓移动操作系统,用当地语言开发,供印度人使用的操作系统,现已有500万用户。该操作系统目前宣称支持12个地区的语言,包括印地文、孟加拉语、古吉拉特语、马拉地语、泰米尔语、卡纳达语、泰卢固语和阿萨姆。它还提供了一个超过15000个APP的应用商店,希望能取代Google Play
惠普	2011年8月	WebOS	一个开放的、公用的和模块化的基于网络的虚拟的操作系统。通过浏览器可以在WebOS上进行应用程序的操作,该程序是网络的应用程序
Mozilla基金会	2012年7月	火狐智能手机操作系统(Firefox OS)	基于Linux及Gecko引擎技术,以开源的方式进行开发,用户可接触的应用都是基于Web的应用

续表

公司名称	发布时间	产品名称	产品特点
阿里巴巴	2012年7月	阿里巴巴移动操作系统(Yun OS)	不是基于安卓二次开发的OS,而是融云数据存储、云计算服务和云操作系统为一体的新一代操作系统
小米科技	2010年8月	MIUI系统	基于安卓系统深度优化、定制、开发的第三方手机操作系统。大幅修改了安卓本地的用户接口并移除了其应用程序列表,加入了大量来自iOS的设计元素

资料来源：工业和信息化部电子科学技术情报研究所。

二 移动与桌面操作系统相互渗透，多平台融合进入快速发展阶段

随着微电子技术的飞速发展，芯片处理速度不断加快，成本不断下降，屏幕不断变大，智能手机、平板电脑等移动智能终端发展到一定程度，可能会出现软件和硬件的分离。移动智能终端操作系统厂商为使用户在电脑、笔记本、平板电脑、智能手机等不同终端中得到一致的用户体验，不断结合云服务，推动操作系统在不同终端中的融合（见表2）。而PC也会在便携性、扩展能力、低功耗、人机交互、用户体验等方面不断学习移动智能终端。未来包括工业设计、屏幕尺寸、用户习惯等方面，移动智能终端和PC将会相互学习、互助成长。

微软为了给用户在PC、平板电脑和智能手机等不同设备端统一的体验，通过Windows在传统PC市场的优势反哺智能手机和平板

表2 主要操作系统的多平台融合情况

企业	融合平台	时间	多平台融合详情
微软	Windows phone 与 Windows	2014 年	Windows 8 系统采用 Metro 触控界面,提供 Windows Store 和 Onedrive 云服务。Windows Phone 8 在用户界面、内核、网络协议等方面与 Windows 8 一致
		2015 年	发布的 Windows 10 实现 PC 桌面、平板电脑和移动智能手机三大平台融合
谷歌	安卓与 Chrome OS	2015 年	Chrome 打造云端一体化,在桌面端运行 Chrome OS 系统内置了谷歌的多个功能和服务,包括 Chrome、Gmail、YouTube 等。发布一款平板电脑和笔记本电脑结合的 2 合 1 设备 Pixel C 采用安卓系统
		2017 年	发布合并版的操作系统支持桌面和移动端,同时兼顾移动端和桌面的用户体验
苹果	iOS 与 OS X	2014 年	OS X 采用 iOS 的触摸交互方式,比如扁平化的设计语言,引入 Launchpad、会话式的邮件、通知中心、iMessage 信息、iCloud、AirDrop 及集成社交网络,以及 Handoff 和 Continuity 连续互通作为辅助等,结合 App Store 和 iCloud 为用户提供一致的服务
阿里巴巴	YunOS	2014~2015 年	从云端一体化出发,构建基于 HTML5 的移动生态

资料来源:工业和信息化部电子科学技术情报研究所。

电脑市场,力图提高 Windows 系统在移动终端的市场占有率。微软作为最早开始桌面和移动平台融合的互联网巨头,在 2014 年发布的 Windows 8 系统就借鉴了很多 Windows Phone 移动智能终端操作系统的特性,特别是 Metro 触控界面,同样提供了 Windows Store 和

Onedrive 云服务。而移动平台 Windows Phone 8 开始在用户界面、内核、网络协议等方面与 Windows 8 保持一致。2015 年微软发布的 Windows 10 实现 PC、平板电脑和移动智能手机三大平台的统一融合。Windows 10 不仅优化了对触摸屏的体验，还加入了全新的功能，将 Windows 10 手机连上键盘、鼠标和显示器之后，可以带来完整的 Windows 体验。同时，开发者编写一次代码就可实现跨设备、跨平台运行。

谷歌的安卓与 Chrome OS 的融合与微软的 Windows 的融合有着高度的相似性。目前谷歌的 Chrome OS 致力于打造云端一体化，只要能访问网络的终端都能得到一致的用户体验，在桌面端，用户可以开启"Chrome OS 模式"，在 Windows 7 上运行的 Chrome OS 系统，内置了谷歌的多个功能和服务，包括 Chrome、Gmail、YouTube 等。2015 年 8 月，谷歌发布一款平板电脑和笔记本电脑结合的 2 合 1 设备 Pixel C，采用了安卓操作系统。谷歌计划将安卓与 Chrome OS 合并，并在 2017 年正式发布合并版的操作系统，合并后的操作系统需要支持桌面和移动端，同时兼顾移动端和桌面的用户体验，将面临技术、生态和体验平衡等挑战。

iOS 和 OS X 两个系统的功能相互融合渗透。iPad Pro 在很多方面体现了这一点，虽然 iPad Pro 只搭载了 iOS 9 系统，但 iPad Pro 体现出的"专业性"与 OS X 有相通之处。iOS 和 OS X 屏幕内容的展示方式和各种场景的使用体验趋于同一。OS X 采用了 iOS 的触摸交互方式，比如扁平化的设计语言，引入 Launchpad、会话式的邮件、通知中心、iMessage 信息、iCloud、AirDrop、集成社交网络，以及 Handoff 和 Continuity 连续互通作为辅助等，结合 App Store 和 iCloud 致力于桌面操作系统与移动智能终端操作系统的融合，为用户提供一致的服务。OS X 融入更多的 iOS 的元素，融合更进一步。

三 企业巨头全面布局生态圈，系统智能化发展显著

移动智能终端操作系统是移动互联网产业竞争的核心环节，基于其构建的包括技术、产品、平台、服务和市场在内的产业生态体系成为产业竞争的焦点。移动智能终端操作系统不断增加新的功能模块，扩展了更多内容，与应用软件和终端硬件深度耦合，向下与芯片等硬件、向上与软件应用和网络服务紧密集成。同时，传统电子信息产业智能化发展加快，移动智能终端操作系统已经渗透到可穿戴设备、智能电视、汽车控制系统和智能家居等经济社会的方方面面，甚至一些新型硬件如智能路由、智能插座等也被加载操作系统。

国外企业巨头谷歌、苹果构建以操作系统为核心的产业形态，全面布局自己的生态圈（见表3）。谷歌基于安卓系统推出 Brillo 系统、Android Wear、Android TV、Android Auto 等智能硬件操作系统，从物联网、可穿戴设备、智能家居、汽车电子等领域打造安卓生态圈。苹果推出的 CarPlay、Watch OS、HomeKit，从汽车电子、可穿戴设备、智能家居等领域实现统一的泛终端生态。

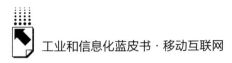

表3　谷歌和苹果生态圈布局情况

厂商	系统名称	领域	应用产品	合作厂商
谷歌	Android Wear	可穿戴设备	智能手表（G Watch、Moto 360、Gear Live）	LG、摩托罗拉、三星
	Android TV	智能家居	智能电视	索尼、夏普、TP vision、飞利浦
	Android Auto	汽车电子	智能汽车	奥迪、宾利、雪佛兰、克莱斯勒、道奇、福特、本田、现代、吉普、马自达、三菱、斯巴鲁、大众等
	Brillo 系统	物联网	智能灯泡、家用安全摄像头、运动检测传感器、气象站、婴儿监控器、门锁等多种物联网产品	—
	Google Fit	智能健康	手环、手表等可穿戴设备	Nike、Adidas、Intel、RunKeeper、Polar、Basis
苹果	CarPlay	汽车电子	智能汽车	法拉利、奔驰、沃尔沃将率先搭载该服务，此外还包括宝马、福特、通用、本田、现代、捷豹、路虎、三菱、标致、雪铁龙、斯巴鲁、丰田和尼桑等
	Watch OS	可穿戴设备	iWatch	—
	HomeKit	智能家居	GridConnect 智能插座、Chamberlain MyQ 智能车库、Elgato Eve 家庭监测器、iHome 智能插座、iDevices 智能插座、Schlage Sense 智能门锁、Insteon 智能中心、Hue 灯泡、Caséta 无线照明入门套装	飞利浦、霍尼韦尔、August、Shlage、Insteon、Luton Electronics

续表

厂商	系统名称	领域	应用产品	合作厂商
苹果	HealthKit	智能健康	搭载 iOS 系统以上版本的手机或平板设备	Epic Systems、Mount Sinai Hospital、Cincinnati Children's Hospital Medical Center、Stanford Hospital and Clinics、Penn Medicine、Cambridge University Hospitals 等 24 家医院
	Apple Pay	移动支付	iPhone 6s、iPhone 6s Plus、iPhone 6、iPhone 6 Plus、Apple Watch	中国银联、中国农业银行、中国银行、广州银行、上海银行、中国建设银行、中国光大银行、广发银行、兴业银行、中信银行、招商银行、中国民生银行、中国工商银行、平安银行、中国邮政储蓄银行、浦发银行

资料来源：工业和信息化部电子科学技术情报研究所。

同时，2015 年谷歌和苹果分别发布 Android M 和 iOS 9，通过研发新技术和完善已有平台，增强用户的终端体验，持续巩固生态体系。2015 年谷歌在 I/O 开发者大会上正式发布 Android M，具有更简化的应用权限管理以及更智能的电池续航管理，并加入了指纹识别管理功能，推出了谷歌支付 Android Pay，系统功能更加完善。而 2015 年 9 月，苹果发布了 iOS 9，系统的性能和稳定性进一步提升。地图、Siri、Apple Pay、搜索等应用的功能增强，并实现了分屏多任务处理功能。2015 年 12 月，Apple Pay 正式进入中国，目前该服务已经获得银联及 15 家中国银行的支持，预计 2016 年初正式开放使用此项服务。

两大企业巨头加快生态体系扩张，进一步提升产品和服务的智能化水平。谷歌基于更加完备的 Android Wear 和更加智能化的 Google Now，与 LG、三星、摩托罗拉等第三方厂商合作，生产一系列智能眼镜、智能手表、智能腕带等可穿戴产品；推动物联网领域智能化发展，推出 Brillo26 操作系统和 Weave 专用语言，汇聚智能硬件生态；依靠 Android TV 系统带动传统电视行业智能化转型，同时推动自有的 Chromecast 电视棒引入互联网视频企业。2015 年 3 月和 9 月，苹果基于 Watch OS 2 推出了智能手表 Apple Watch，搭载 Apple Pay、HealthKit 健康应用平台，实现接打电话、回复邮件、近场支付、健康状况监测等更多智能化的功能，但大多数应用仍需要与手机关联使用。此外苹果在智能汽车、智能家居和智能路由器领域继续加大了拓展力度。

四　中国移动操作系统有所突破，众多移动操作系统企业转战智能硬件领域

在国家的资金支持和政策扶持下，国产移动操作系统获得进展。阿里巴巴、华为、小米、元心科技等企业积极投身移动智能终端操作系统研发，分别开发出了 YunOS、麒麟 OS、MIUI 系统、元心操作系统等，并展开产业化布局。这些研发主体已经从先前的依赖政府资助、国有背景转向市场化民营企业为主。比如，元心科技研发的元心操作系统在消化吸收国外成熟技术的基础上，掌握了系统的全部源代码和技术演进方向，并对系统框架、安全服务和图形系统等进行了大量技术创新，拥有用户体验层及安全体系结构全部版权，以及应用开发平台及下层的部分版权。元心操作系统符合

EAL4 安全规范，防止使用非安全系统带来的安全隐患，但形成完整的生态体系还尚需时日。

我国移动智能终端操作系统自主创新能力不足，安全问题和知识产权隐患严重。我国在移动智能终端操作系统领域长期处于技术追随和商业模式模仿的被动局面，技术基础较为薄弱，大部分移动智能终端操作系统都是基于安卓系统的二次开发，核心技术掌握在国外企业手里，竞争力较弱，难与国外企业抗衡，而规模化推广国内移动操作系统面临知识产权、自主、安全、可控等诸多隐患。同时，国内多家企业都在研发自己的移动智能终端操作系统，重复研发浪费大量财力物力，研发投入强度不够，产业链缺乏深度合作，资源分散，难以开发出具有竞争力的自主操作系统。

国产移动操作系统企业转战智能硬件领域，在差异化需求方面寻求市场定位，生态体系构建有所突破。国内企业抓住智能硬件设备操作系统尚未形成巨头垄断格局的契机，加快我国智能硬件自主操作系统的研发与应用，建立开放模式和生态系统，力争形成可占据主流市场相当份额的操作系统，进而与智能手机等操作系统实现协同对接。2015 年阿里云构建移动智能生态平台，发布了支持智能手机、平板的 YunOS 5，增加了实物扫一扫、实时美妆，为用户推荐感兴趣的视频、音乐、游戏与应用等功能。在其他智能硬件领域，YunOS 又陆续推出 YunOS for Car、for Work、for Wear，分别应用于车联网（智能车载设备）、行业终端（企业定制）、可穿戴设备领域，打造一屏多端的生态平台。通过不断深化"一云多端"的业务布局，YunOS 正在逐步构建个人与设备交互、设备与设备交互、设备与云端交互同时进行的移动智能生态平台。腾讯推出针对

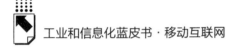

手机、智能手表、智能电视和其他互联网硬件设备的统一操作系统TOS＋（腾讯操作系统），对开发者采取免费开放模式，陆续推出一系列智能硬件产品。华为推出了物联网操作系统 LiteOS 和 Hilink 协议。LiteOS 作为智能硬件的引擎，主要应用于智能家居、可穿戴设备、车联网、智能电表、工业互联网等物联网领域的智能硬件上；Hilink 解决了智能设备的快速联网以及智能硬件之间的互联、互通和互动。元心科技发布了国内首个穿戴式操作系统元心穿戴式平台1.0，基于元心穿戴式平台的 Tick 智能手表销量位居国内外同类产品前列。

长远来看，在我国已具备的技术和产业基础上，应从国家层面进行移动操作系统顶层设计，加大政策和资金支持，充分发挥本土优势，利用国际竞争格局，建立符合中国特色的产业体系。同时，积极推进国产操作系统与国内的互联网企业开展合作，鼓励企业将其服务移植到国产操作系统上，逐步丰富国产操作系统的软件和服务支持，提升用户体验。构建自主可控的开发环境，吸引更多开发者加入，进一步完善国产操作系统的生态体系，尽快实现自主可控移动终端操作系统的产业化。

B.4
移动智能终端发展进入成熟阶段

温 源*

摘 要： 2015 年，华为、小米、联想等国产手机厂商跻身全球销量榜前五名，仅次于三星、苹果，但是在盈利能力方面与后者相比仍有较大差距。从全球销售数据来看，2015 年智能手机销量增速放缓，意味着 2016 年市场将迎来更激烈的竞争、厂商将面临更大的盈利压力；2015 年平板电脑销量迎来拐点，市场开始萎缩，反映了该类设备的市场需求已接近饱和。与智能手机、平板电脑市场已近饱和相反，可穿戴市场成为移动终端市场新的增长点，特别是苹果智能手表的推出引起极大关注，推动了可穿戴市场的爆发增长，2015 年全年可穿戴设备销量同比增长 171%，但价格因素已成为影响新设备普及的最大阻力。此外，电池技术多年来没有大的突破，受限于现有电池续航能力，未来移动设备性能的提升将遭遇瓶颈。

关键词： 可穿戴设备 智能终端 续航

---

* 温源，工程师，工学博士，主要研究方向为移动互联网、基础软件、人工智能等。

一 全球智能手机、平板电脑销售放缓

全球智能手机销量多年来持续增长，2015 年增长趋势放缓。根据国外市场研究公司 Gartner 发布的数据，从 2007 年首款 iPhone 发布起，智能手机的出货量持续强势增长，但在 2015 年迎来增长拐点。数据显示，2015 年全年智能手机销售量总计 14.2 亿部，同比增长 14.5%（见图 1）。这一数值与 2014 年 28.4% 以及 2013 年 48.2% 的增长率相比下降很大，反映了全球智能手机销量开始减缓。这其中，主要原因在于中国市场智能手机的销量放缓，由于中国市场已经结束了智能机替换功能机的热潮，并且在苹果 iPhone 6 之后市场缺乏革命性的产品吸引用户换机，整个市场对购买新的智能手机的需求下降。作为全球最大的手机市场，中国的情况将影响全球智能手机的销量，预计未来全球智能手机的销量将会继续放缓。

从全球市场出货量来看，主流厂商的市场领先优势正在缩小。2015 年排名前五的厂商出货量总计 7.86 亿部，市场份额为 55.4%。其他生产厂商出货量 6.35 亿部，市场份额为 44.6%，这一数值与 2014 年的 43.4% 相比略有上升，反映了三星、苹果等主要厂商的领先优势正在缩小。值得一提的是，国产厂商特别是华为表现突出，2015 年华为智能手机出货量高达 1.04 亿部，与上年相比增长 52%。小米出货量与上年相比也有 16% 的增长，2015 年达到 6500 多万部（见图 2）。

全球平板电脑市场结束近四年的增长，2015 年首次迎来销量下滑。根据国外市场研究机构 IDC 的统计，2015 年全球平板电脑

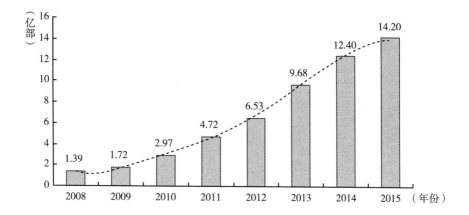

图 1 全球智能手机出货量走势

资料来源：Gartner。

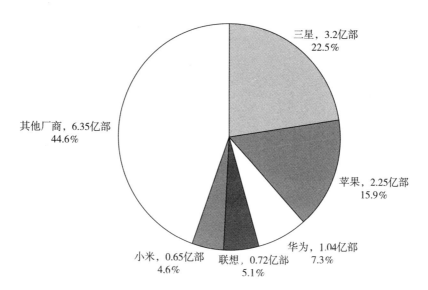

图 2 2015 年全球五大智能手机厂商出货量及市场份额

注：联想数据包含了摩托罗拉手机的销售数据。
资料来源：Gartner。

销量总计 2.068 亿台，与 2014 年的 2.301 亿台相比大幅下滑 10.1%（见图 3）。全球平板电脑销量下滑的主要原因是平板电脑尺寸介于大屏幕手机与笔记本之间，本身所处位置就比较尴尬。特别是近年来 iPhone 6s plus 等大屏幕手机的流行，使缺少通话功能的平板电脑的吸引力逐渐下降。平板电脑尺寸向下发展的渠道基本被大屏幕手机封堵，未来发展的最大可能方向是向上发展，推出更多大于 10 英寸的平板电脑，如苹果已经在 2015 年 9 月推出 12.9 英寸的 iPad Pro，还加入了全新设计的 Smart Keyboard，意图让 iPad 打入办公市场，而该领域此前一直是笔记本、台式电脑的势力范围。微软也有类似的策略，这几年持续发展集笔记本与平板于一体的 Surface，并于 2015 年 10 月推出 12.3 英寸的 Surface Pro 4。苹果与微软都推出二合一电脑，预示着平板电脑正朝着娱乐办公一体化的方向发展。

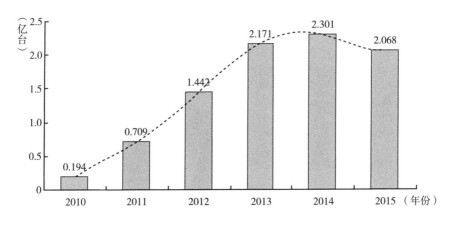

图 3　全球平板电脑销量走势

资料来源：IDC。

按照联网能力划分，只支持 WiFi 功能的平板电脑是 2015 年市场的主流产品。根据市场研究机构 IDC 的调研，2015 年只支持 WiFi 上网的平板电脑占据市场 67% 的份额，与 2014 年 69% 的市场份额相比有小幅下降。同时支持蜂窝上网和 WiFi 上网的平板电脑，市场占有率有小幅上升，达到33%（见图4）。按照操作系统划分，基于安卓系统的平板电脑是 2015 年市场主流。IDC 的数据显示，基于 iOS 系统的平板电脑出货量占整个市场的23.9%，其余部分几乎被基于安卓系统的平板电脑占据。基于安卓系统的平板电脑在2013 年的销量首次超过基于 iOS 系统的平板电脑，自此之后其在市场占有率上始终保持领先。

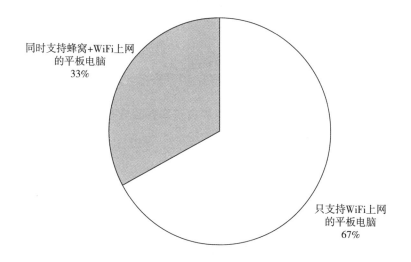

同时支持蜂窝+WiFi上网
的平板电脑
33%

只支持WiFi上网
的平板电脑
67%

图4　只支持 WiFi 上网的平板电脑占据市场主流

资料来源：IDC。

中国是平板电脑用户数最多的国家。国外市场研究公司eMarketer 的数据显示，2015 年全球用户预计超过 10 亿，其中 1/3 的用户来自中国市场，2015 年中国市场平板用户预计将达 3.2 亿。全球平板用户最多的五个国家及用户数分别是：中国 3.2 亿、美国1.5 亿、印度 4040 万、英国 3220 万。中国平板用户数遥遥领先其他各国（见图 5）。

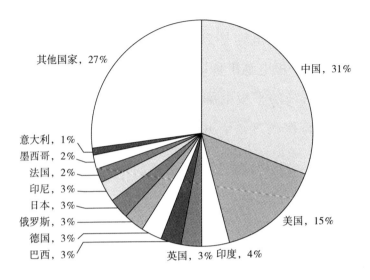

图5　2015年平板用户占有率各国分布情况

资料来源：eMarketer。

二　中国智能手机销量继续放缓，国产厂商盈利能力有待提高

2015年中国智能手机销量继续放缓，智能手机销售逐渐接近饱和。根据速途研究院的统计数据，从2014年起中国智能手机销量就开始放缓，2014年中国智能手机销量3.98亿台，同比增长10.2%。2015年销量继续放缓，全年智能手机销量4.45亿台，同比增长11.8%。而在2012年及2013年中国智能手机市场还保持着118.8%、63.3%的超高增长速度，这表明中国的智能手机市场可能已经接近饱和（见图6）。

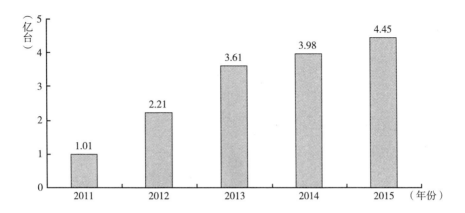

图6　2011～2015年中国市场智能手机销量

资料来源：速途研究院。

中国的智能手机市场，国产手机品牌占据市场主体。根据IDC的数据，2015年中国智能手机市场销量排名前两位的品牌分别是小米和华为，市场占有率分别为15.0%和14.5%，小米依旧保持了在中国市场销量第一的地位，但是华为手机销量已经与小米十分接近。苹果以13.4%的市场占有率处于市场第三位，OPPO、vivo分别以8.1%和8.1%的市场占有率居第四、第五位。此外，三星销量不佳，在中国已经跌出市场前五（见图7）。

中国手机厂商盈利能力有待提高。在中国市场上，尽管小米、华为位列国产手机品牌出货量的前两名，但与苹果相比，仍处于低利润水平。2015年以来，虽然华为公司通过发布多款高端手机使其利润有所提升，但是整体来看，国产手机普遍赔本赚吆喝。

苹果利润惊人。根据苹果2015年第四季度财报，其来自于

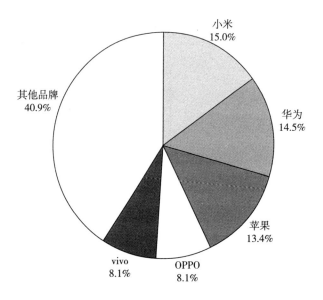

图7 2015年中国市场智能手机品牌占有率

资料来源：IDC。

iPhone 的营收为 322.09 亿美元，比上年同期的 236.78 亿美元增长 36%，毛利率约为 40%。苹果手机在全球智能手机市场占不到 20% 的销量份额，却攫取了大部分利润，这跟苹果公司的策略有关。一是实行高端路线策略。苹果认为，价格较高的高端产品能带来更大价值，苹果不屑于进入低端市场，这也避免了在低利润层次与其他手机厂商的竞争。二是研发效率高。与 IBM 等公司比，苹果在研发上投入并不是很大，并且也低于同期的竞争对手。但是苹果研发效率出奇地高，苹果认为创新能力与研发投入并没有直接关系，成功的关键在于招聘的人才和领导团队的核心人物。

尽管三星智能手机销量在中国市场下滑很快，但在全球市场始终保持盈利。根据 IDC 的数据，在连续七个季度收入下滑之后，三星在 2015 年第三季度终于迎来了反弹。通过推出 Galaxy S6 这款具有全新外观设计和硬件配置的旗舰产品，三星暂时结束了持续几年的收入下滑状态。同时，通过 Galaxy Note 5 和 Galaxy S6 Edge + 两款最新产品的发售，三星 2015 年度的财务表现有了很大的改观。目前来看，虽然与苹果攫取利润的程度相比仍有差距，但是三星仍是 2015 年度最赚钱的安卓智能手机厂商，并且与其他安卓厂商赔本占市场的方式相比，三星的盈利能力已经相当不错了。

三 智能手表的热销带动整个可穿戴设备市场规模增长

2015 年全球可穿戴设备销量大幅增长，可穿戴市场迎来爆发局面。根据国外市场研究公司 IDC 发布的报告，2015 年全年可穿戴设备销量达到 7810 万部，同比增长 170.2%，预计到 2019 年全球可穿戴设备出货量将达到 1.734 亿部，年复合增长率为 22%（见图 8）。

按可穿戴设备生产厂商的出货量排名，位于美国旧金山的新兴企业 Fitbit 占据市场第一的宝座。Fitbit 可穿戴设备聚焦于运动和健康，2015 全年出货 2100 万部，同比增长 93.2%。Fitbit 在 2014 年市场份额曾高达 37.9%，但是随着 2015 年苹果等科技巨头进入可穿戴设备市场，Fitbit 的市场份额下降至 26.9%。排名第二的中国厂商小米以手环为突破口，市场份额迅速上升，

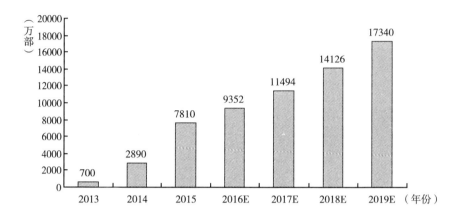

图8 2013～2019年全球可穿戴设备出货量及预测

资料来源：IDC。

从2014年的4%扩大至15.4%，2015全年出货1200万部。排名第三的苹果公司，2015年刚推出可穿戴设备，尽管产品售价远高于Fitbit及小米产品，但是凭借品牌影响力，以全年出货Apple Watch 1160万部、14.9%的市场份额跻身全球五大可穿戴设备厂商。以生产定位、导航产品为主的美国厂商佳明，依靠硬件领域的研发优势取得330万部销量的好成绩，居排行榜第四位。紧跟其后的三星，借助智能手机领域取得的经验和影响力进入可穿戴设备领域，凭借良好的商业营销和惊艳的显示技术，以310万部的销量居排行榜第五位。而五大厂商以外其他厂商的产品出货量占据全球市场的34.5%，反映了这一新兴市场厂商众多、竞争激烈的现实（见表1）。

其中，苹果智能手表的热销，带动了整个可穿戴设备销量的提升。从2014年9月苹果首次发布Apple Watch，到2015年全年1160

表1　2015年全球智能可穿戴设备出货量

单位：百万部，%

排名	生产厂商	设备出货量	市场份额
1	Fitbit	21.0	26.9
2	小米	12.0	15.4
3	苹果	11.6	14.9
4	佳明	3.3	4.2
5	三星	3.1	4.0
—	其他厂商	27.0	34.6
总计		78	100

资料来源：IDC。

万部的销量，苹果智能手表极大地刺激了整个智能可穿戴设备市场规模的增长。苹果手表能够取得销量的突破，主要是由于其品牌知名度较高。虽然苹果手表价格不低，但受到了大部分用户的追捧，而同样是智能手机巨头的三星，在智能手表市场规模远不如苹果（见图9）。

　　Apple Watch 的优势之一是定制化，专门针对苹果生态系统。Apple Watch 共有3种版本，跨越了不同价位段，囊括数千元到十数万元的价位段级别。优势之二是 Apple Watch 主打健康监测和提醒，苹果的确做出了很多细化和生动的亮点，在功能上支持运动量、心跳频率检测等。优势之三是支持独有的 Apple Pay 及 Passbook。Apple Watch 内置了 NFC 模块，可以支持 Apple Pay 支付，同时在机场等应用场景 Apple Watch 会自动显示 Passbook 里的登机牌，用户可以直接通过手表登机。另外，通过应用办理酒店

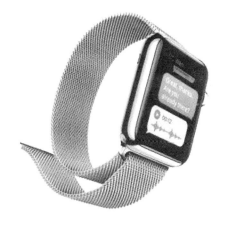 

图9　Apple Watch 与 Android Wear 对比

资料来源：GNC。

入住使 Apple Watch 变身酒店门卡也非难事。以上三点为苹果智能
手表带来很大的优势。Apple Watch OS 与 Android Wear 系统对比
见表2。

表2　Apple Watch OS 与 Android Wear 系统对比

系统类型	Apple Watch OS	Android Wear
代表产品	Apple Watch	Moto 360、LG G Watch R、LG Urbane、Sony Smart Watch 3、Asus Zen Watch
屏幕技术	支持 Force Touch 技术	暂不支持 Force Touch 技术
操控特点	除了屏幕外,使用数字表冠旋转、点击等操作,用户可以实现放大和滚动列表,还支持 Siri 语音控制	主要通过屏幕手势和点击操作,还支持 Google Now 的语音控制

	Apple Watch OS	Android Wear
APP 开发	由苹果提供 Watch Kit 开发工具,方便开发人员为 Apple Watch 开发专门的 APP	谷歌的智能手表平台目前已经发展了一段时间,而在 Google Play 商店中也有了不少的应用
兼容性	兼容的机型包括 iPhone 5、iPhone 5c、iPhone 5s、iPhone 6 和 iPhone 6 Plus 及最新产品	操作系统的要求至少在 Android 4.3 以上
防水能力	IPX7,可以在 1 米深的水中工作 30 分钟	典型:华硕 Zen Watch 防水等级为 IP55、Sony Smart Watch 3 防水等级为 IP68
电池续航	在普通强度下可以使用 18 小时	典型:Moto 360 的电池可以使用超过 24 小时、Sony Smart Watch 3 电池几乎可以坚持 2 天、Pebble 彩色版本的也可以使用 7 天、Pebble 黑白屏幕可以使用 10 天

资料来源:由工业和信息化部电子科学技术情报研究所整理。

上榜全球智能可穿戴设备出货量前五的小米,主打的产品是第二代小米手环(见图 10),它以低廉的价格提供了传统睡眠与运动检测功能,还新增加了心率检测,是市面上最便宜的拥有心率检测的手环之一。该产品一经发布,就以极高性价比迅速登上中国可穿戴设备市场排名第一的位置。在 2015 年第三季度,小米甚至凭借手环产品占据全球市场份额的 18.6%,与第 2 位的美国苹果仅相差 1.2 个百分点,但小米可穿戴设备份额逼近苹果,只是销量上而已,在销售收入、科技含量等方面远远落后于后者。小米手环售价

79 元，而苹果手表最低售价超过 2000 元，苹果手表的利润远高于小米手环。

图 10　全球热销的国产可穿戴设备——小米第二代手环

资料来源：小米。

随着国内厂商产品日益丰富、可穿戴设备成本不断降低，中国可穿戴设备市场迎来快速发展的局面，特别是 2015 年 4 月 Apple Watch 在中国市场的正式发售，进一步刺激了国内可穿戴设备市场规模的增长。根据易观智库公布的数据，2015 年我国智能可穿戴设备市场规模预计将会达到 135.6 亿元，预计到 2017 年市场规模将达到 500 亿元。

但是，价格及续航能力正在成为阻碍国内可穿戴设备普及的主要因素。部分用户对可穿戴设备持观望态度，主要是因为对可穿戴设备的期望价格远低于产品实际价格。根据腾讯科技的调查统计，1000 元是大多数用户购买可穿戴设备的价格上限。66.9% 的被调查用户认为，可穿戴设备的价格低于 1000 元才会考虑购买，甚至其中有一半以上用户表示价格低于 500 元才会考虑购买该类设备（见图 11），这反映了人们对可穿戴设备的价值认同度较低。而目前国内智能手机十分普及且价格低廉，这可能拉低了人们对可穿戴设备的价格期望。

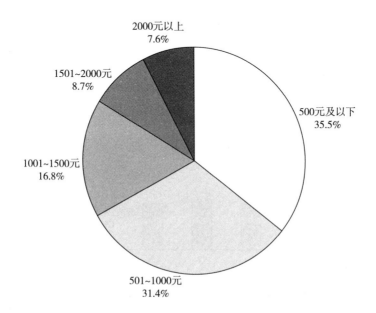

图 11　国内用户对可穿戴设备购买期望价格分布区间

资料来源：腾讯科技。

除了价格因素，国内用户最关心电池续航能力，44.4% 的被调查者表示可穿戴设备的电池应该足够耐用。除此之外，用户还关注是否有定位功能，26.2% 的被调查者认为定位功能很重要。这可能由于可穿戴设备的地理定位能够解决儿童、老人走失的问题，因此国内用户对这项功能的关注仅次于对电池续航能力的要求。另外，国内用户对外形设计也比较在意，20.5% 被调查者表示出色的外形设计才会让他们有意愿购买。支持电话/短信功能、支持运动数据记录功能也受到一些用户的重视，分别为 15.2% 与 13.7%。与智能手机不同的是，大多数被调查者认为拍照功能可有可无，可能是由于智能手机已经提供了强大的拍照能力。对于游戏能力，大多数用户很清楚可穿戴设备的小屏幕无法带来令人惊叹游戏体验，因此对可穿戴设备上的游戏功能基本不抱期望（见图 12）。

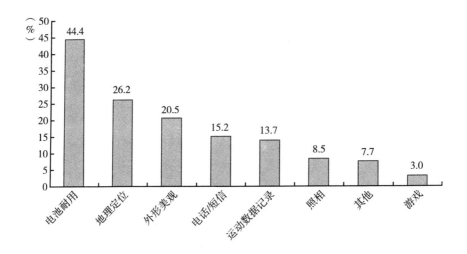

图 12　国内用户对可穿戴设备的性能和功能要求

资料来源：腾讯科技。

四　续航能力正在成为制约移动设备配置提升的瓶颈

2015 年主流的智能手机通常配备 2 ~ 8 核处理器、2 ~ 4GB 运存和 2K 屏幕，平板电脑配备的图形处理芯片性能则更强。然而，强大的硬件配置有时也是累赘，高耗能的硬件严重削弱了移动设备的续航能力，影响用户的体验。一方面，仅处理器就限制了移动设备的进一步发展，发热已经成为制约处理器性能提升的瓶颈，英特尔的处理器因为频率过高导致发热严重，高通在移动设备处理器上遭遇的发热量大的问题成为硬件技术发展的又一个瓶颈。另一方面，电量消耗问题也成为移动设备高清屏幕发展的瓶颈。根据高通公司预测，4K屏幕即将成为移动设备的标准配置，然而，新兴的4K屏幕技术在为用户带来出色视觉体验的同时，也对电池续航能力也提出了严峻的考验。移动设备屏幕分辨率越高，图形处理器的计算量越大，而图形处理器的耗电远超普通处理器。当前电池技术没有突破，因此，在续航能力没有显著改善的背景下，硬件配置升级将逐渐迎来发展瓶颈。

2015年64位架构成为移动设备处理器的主流架构，而强大的处理能力有可能削弱电池续航能力。自2013年苹果发布全球第一款采用64位处理器的iPhone 5s以来，64位架构逐渐成为移动设备处理器的主流架构。64位处理器的优势非常明显，32位处理器可以一次性处理4个字节的数据量，64位处理器可以一次性处理8个字节的数据量，因此理论上64位处理器比32位处理器在性能和速度上快一倍。同时，32位架构处理器仅能支持4GB内存空间，64位架构处理器架构支持的寻址空间最高可达16TB（见图13）。目前，普通台式机的处理器也不过64位，这意味着移动设备的处理能力逐渐接近台式设备。2015年起，苹果公司市场上销售的智能手机及平板电脑全部采用64位处理器（见表3）。

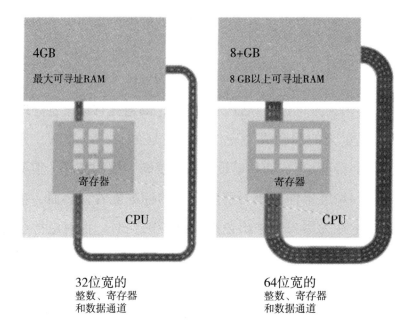

图 13　64 位处理器支持更大的寻址空间

资料来源：由工业和信息化部电子科学技术情报研究所整理。

表 3　2015 年市场上热销的苹果移动设备及其处理器

产品	处理器型号	处理器架构	产品	处理器型号	处理器架构
iphone 5s	A7 芯片	64 位架构	iPad mini 2	A7 芯片	64 位架构
iPhone 6	A8 芯片	64 位架构	iPad mini 4	A8 芯片	64 位架构
iPhone 6 plus	A8 芯片	64 位架构	iPad Air	A7 芯片	64 位架构
iPhone 6s	A9 芯片	64 位架构	iPad Air 2	A8X 芯片	64 位架构
iPhone 6s plus	A9 芯片	64 位架构	iPad Pro	A9X 芯片	64 位架构

资料来源：由工业和信息化部电子科学技术情报研究所整理。

　　安卓厂商也在 2015 年全面引入 64 位架构的处理器。2015 年，作为安卓手机芯片最重要的提供商，高通全面量产包括骁龙 410、骁龙 610、骁龙 615、骁龙 808 以及骁龙 810 等 64 位处理芯片，英伟达、三星、联发科以及更小的芯片厂商也陆续发布了64位芯片。2015年发布的主流智能手机上，64位处理器全面取代32位处理器，成为安卓手机市场的主流芯片架构。同时，新架构的处理器也离不开操作系统的支持，安卓系统从5.0开始完全支持移动设备的64位处理器。

大屏幕、高分辨率给电池续航带来新的挑战。2014年苹果首款大屏幕智能手机iPhone 6 plus的发售，使智能手机市场进入大屏幕手机时代。几年前，当三星推出大屏手机时市场并不看好，甚至2011年三星推出的5.3英寸大屏幕Galaxy Note被用户认为是一个很奇怪的尺寸。可如今大屏幕却成为一种时尚，包括三星在内的各大智能手机生产商都争相推出屏幕更大的智能手机，甚至苹果也做出了改变。苹果在2014年9月推出4.6英寸屏幕的iPhone 6以及5.5英寸的iPhone 6 Plus，进一步推动了智能手机向大屏幕方向发展（见图14）。

图14　移动设备的屏幕向越来越大的趋势发展

资料来源：由工业和信息化部电子科学技术情报研究所整理。

高分辨率屏幕正成为智能手机的主流配置。根据中商情报网的调查，1920×1080像素高分辨率屏幕已经成为国内市场智能手机屏幕的主流分辨率（见图15）。

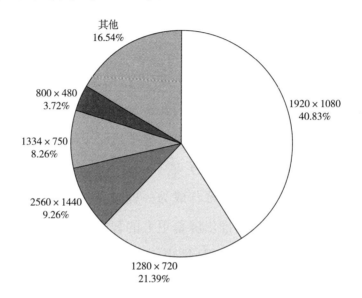

图15　国内智能手机屏幕分辨率市场占有比例（单位：像素）

资料来源：中商情报网。

　　高速处理器、大屏幕、高分辨率等高耗能部件让移动设备的电量消耗得更快。近些年，尽管手机的硬件配置不断升级换代，但是电池技术始终未有重大突破，续航能力将逐渐成为阻碍智能手机硬件升级的瓶颈（见表4）。

表4　2015年热销智能手机电池容量

手机产品	所属厂商	电池容量	主要硬件配置
iPhone 6s	苹果	1715mAh	双核处理器,2GB 运存,4.6 英寸屏幕
iPhone 6s Plus	苹果	2750mAh	双核处理器,2GB 运存,5.5 英寸屏幕
Galaxy S6	三星	2550 mAh	八核处理器,3GB 运存,5.1 英寸屏幕

手机产品	所属厂商	电池容量	主要硬件配置
Galaxy Note5	三星	3000mAh	八核处理器,4GB 运存, 5.7 英寸屏幕
Mate7	华为	4100mAh	八核处理器,3GB 运存,6.0 英寸屏幕
荣耀 X2	华为	5000mAh	八核处理器,3GB 运存,7 英寸屏幕
nubia X6	中兴	4250mAh	四核处理器,3GB 运存,6.4 英寸屏幕
P618L	TCL	5000mAh	四核处理器,1GB 运存,5.0 英寸屏幕

资料来源：由工业和信息化部电子科学技术情报研究所整理。

B.5
全球通信网络基础设施建设与运营快速发展

杜 威*

摘 要： 2015 年，全球通信业基础设施建设与运营快速发展。移动网络使用率快速上升，4G 逐步取代 3G 成为用户增长与创收的主力。宽带建设受到各国政府扶持，WiFi 覆盖率显著提升，TD-LTE/FDD-LTE 融合组网、基础设施共享、铁塔独立运营成为共识。运营商与设备商方面，全球运营商跨国、跨行业并购火热，整体利润小幅上升，设备商三足鼎立局势成型。结合现有技术进展与政策布局，5G 技术研发、物联网产业构建、用户体验与企业运营效率的提升将成为未来几年全球通信业发展的热点领域。

关键词： 4G 网络　跨国并购　5G 技术

一　移动通信设备普及率接近极限，
4G 成创收主力

自 2001 年移动电话普及率超过固定电话以来，两者此消彼长

---

* 杜威，中央民族大学硕士研究生。

的态势愈发明显。截至 2015 年，全球移动电话用户数为 70 亿户，普及率达到 96.8%，相较 2014 年增速小幅放缓（见图 1）。国内方面，截至 2015 年 7 月，我国移动通信设备用户为 12.9 亿户，普及率 94.6%，同比仅提高 0.1 个百分点；移动通信设备适龄人口普及率（年龄在 10~85 岁的人口）达到 114%，用户仅增长 2.5%，增速同比下降 4.1%。考虑到用户普及率已接近 100%，未来移动电话市场销售增速有放缓趋势。固定电话普及率则加速下滑，2015 年为 14.5%，预计未来 5 年将跌破 10% 大关。伴随移动电话普及率提高及 3G、4G 技术的普及，移动网络使用率开始迅速上升，2015 年达到 47.2%，结合近年增长态势，2016 年移动网络用户数量还将继续加速上涨。

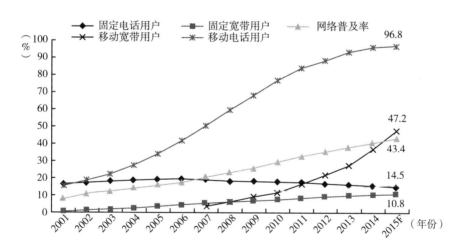

图 1 2001~2015 年全球信息和通信设备用户增长情况

资料来源：ITU Statistics。

3G 移动网络覆盖率出现较大幅增长，农村地区是薄弱环节。全球 3G 移动网络覆盖率从 2011 年的 45% 上升到 2015 年的 69%，但农村地区网络覆盖率只有29%。2015年全球3G移动网络建设重点集中在农村领域。印度"数字印度计划"下的首个高速农村宽带网络建设项目启动；美国通过"连接美国基金（CAF）"资助宽带入村战略实施，目前第二阶段补贴发放结果出炉；德国资助高速宽带网络推广的30亿欧元获批；法国四大移动通信运营商2015年均表态，年均投入4000万欧元，在2020年前彻底消除网络盲区；澳大利亚在2015年进行了两轮针对农村和其他覆盖盲区的移动网络覆盖计划；英国通过绘制公共数字基础设施地图，清查了部署范围超过1.3万英里的公共数字基础设施的相关细节，便于今后开发空闲容量，提供更好的宽带和手机信号覆盖；中国网民中农村网民占比28.4%，规模达1.95亿人，较2014年底增加1694万人。一系列政府动作表明网络的普及将继续深化。

4G用户增长迅猛，市场占有率与创收能力喜人。全球移动供应商协会发布的数据显示，2015年前三季度4G用户增长在全球移动用户增长中占据了主要地位，4G成为用户增长最多的移动技术。2015年第一季度，全球2G用户数量下降1亿，3G/WCDMA用户增长7790万，4G用户数则增长了1.24亿。4G业务自2009年推出后，于2015年迎来丰收季，接过3G业务大旗成为营收主力。4G移动终端出货量增长惊人。1~11月，国内手机市场累积出货量为4.62亿部，同比增长13.4%，其中，2G手机5215.57万部，同比下降36%；3G手机1920.36万部，同比下降91%；4G手机3.90亿部，同比增长249.86%（见图2）。经历了价格战、巨资收购、激进促销等一系列强势出击后，很多电信运营商终于迎来了久违的增长。从收入结构来看，宽带业务依然是电信运营商收入支柱，同时 4G 业务收入占比逐步提高，其中视频消费拉动捆绑业务成为 4G 增收主力。

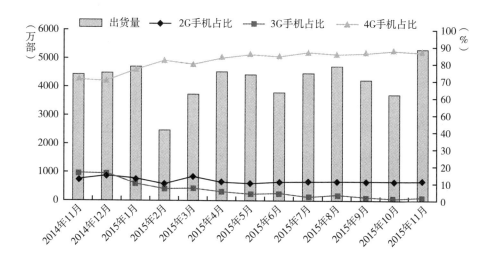

图 2　2014 年 11 月至 2015 年 11 月国内手机出货量及不同制式占比

资料来源：中国信息通信研究院。

二　基础设施共享成趋势，4G 网络建设逐渐完善

宽带部署进入高速建设期。资金的扶持是建设效率的保障，市场对高速数据业务的巨大现实需求促使各国政府的宽带建设资金迅速落地。意大利政府拨款 22 亿欧元支持全国超高速宽带计划；西班牙拨款 3.3 亿欧元，向所有学校提供百兆宽带；德国政府也为在 2018 年前实现全民普及 50Mbps 宽带，拨款 27 亿欧元；英国电信的光纤接入网络已覆盖英国 80% 的地区，在提升普及率的同时，英国电信公司开展了 G. fast 建设，将宽带网速提升到了 5Gbps；新

加坡电信于 2015 年第三季度在选定区域推出一项 10Gbps 家庭宽带的试验性部署计划；澳大利亚国家宽带网络公司公布了针对混合光纤同轴电缆网络（HFC）的升级计划，网络约覆盖 300 万座楼宇；澳大利亚电信运营商澳都斯启动该公司在南十字电缆网络（SCCN）上的首个 100Gbps 国际网络服务项目。

无线网络覆盖明显提升，WiFi 网络建设受到国家、企业、个人多方关注。2015 年全球 WiFi 项目快速启动，世界互联网大会基地的乌镇 WiFi 以及 "i-zhejiang" 等无线城市项目掀起热潮。国际方面，谷歌启动纽约全城免费 WiFi 和 WiFi 热气球项目；国际商业机器公司（IBM）策划全球联动的智慧城市。国内方面，香港建设首条免费 WiFi 街；国内智慧城市的建设也推动了公共区域无线网络的使用，手机、平板电脑、智能电视则带动了家庭无线网络的使用，网民通过 WiFi 无线网络接入互联网的比例为 91.8%。

世界范围内 FDD-LTE 制式受到青睐。2009 年之后，全球 LTE 商用网络部署数量迅猛增长。截至 2015 年，全球 331 个 LTE 商用网络中，约有 287 个采用 FDD 制式，占 87%，约有 17 个采用 FDD 与 TD 同时运营，占 5%，约有 26 个采用 TD 制式，占 8%，FDD-LTE 作为全球主流 4G 制式，信号网络覆盖最全。国内方面，中国电信已建成全球最大的 FDD-LTE 网络，截至 2015 年底，中国电信共建设 46 万个 LTE 基站，全国 4G 覆盖率达到 95% 以上。我国在 TD-LTE 发展方面具有独到优势。基建方面，我国已建成全球最大的 TD-LTE 商用网络，建成基站数超过 90 万个，覆盖全国 300 多个城市，用户数量超过 2 亿，显示了良好的商业前景。市场占有率方面，截至 2015 年 5 月，国内 TD-LTE 终端产品超过 1400 款，其中手机终端占到 1300 款，市场需求量惊人，仅 2015 年 1 ~ 5 月，TD-LTE 制式手机终端出货量就达到 1.62 亿部，占智能手机终端出货量的 93%。

TD-LTE/FDD-LTE 融合组网继续推进。实行 TDD 和 FDD 混合组网可以统筹网络资源，使两者在网络、业务、频率层面实现融合，进一步节约部署成本，方便扩大 4G 产业规模，带动 4G 产业发展。随着 TD-LTE 网络的迅速普及，同时运营 TD-LTE 和 FDD-LTE 的运营商越来越多，为两种制式的融合提供了条件。早在 2014 年 6 月 27 日，工信部便向中国电信和中国联通颁发了 TD-LTE/FDD-LTE 混合组网试商用经营许可，电信、联通两家运营商分别获许在 16 个城市展开试点；2014 年 8 月 28 日，工信部将两家企业的试验范围扩大至 40 个城市；2014 年 12 月，工信部再次增加 TD-LTE/FDD-LTE 混合组网试点城市数量，电信、联通分别增加 15 个，总数累计达 56 个。不过由于 TD-LTE 和 FDD-LTE 网络的频段、天线类型、覆盖特性和容量特性等方面存在差异，技术上仍存在一定阻碍，因此如何做好融合组网仍然需要进一步探索。

电信基础设施共享成为全球通信业普遍认可的运营模式。对处于网络发展初期的市场而言，电信基础设施共享主要是基站和漫游的共享，目的是降低成本，提高网络建设效率。而对于成熟市场，共享更多的是降低运营商的运营成本。通常模式是现有大型运营商选择共享基础设施，从而扩大网络覆盖面积。此外，出于扩大收入源、运营和支出成本优化、推动市场进入等考虑，也推动运营商进行基础设施共享。电信基础设施共享，可以在有效利用资源（如土地、频率等）、降低运营成本、提升运营效率、提高网络覆盖率、促进产品和技术创新等方面带来益处，有力推动电信业发展。

剥离铁塔资产的运营模式受到认可。相对于3G、2G网络，4G网络由于频谱更高，因而对站址资源有更高要求。随着4G技术逐步替代2G/3G技术，运营商面临4G网络建设成本高、选址难等一系列问题。在此情况下，剥离铁塔的运营模式成为主流。国际方面，剥离铁塔的运营模式在美国已经成熟，铁塔由第三方公司管理的模式已经存在多年。截至2015年3月，美国最大的移动运营商威瑞森无线控制1400座铁塔，在全美铁塔总数中仅占1.2%，占比同比下降0.2%，美国三大上市铁塔公司共占美国铁塔市场份额的约82.5%；2015年，意大利电信、意大利万德、沙特阿拉伯阿联酋电信等也相继剥离了铁塔资产，采用返租模式。国内方面，2014年7月11日，整合了国内三大运营商铁塔资源的中国铁塔集团落地，中国三大电信运营商中国移动、中国联通和中国电信共同签署《发起人协议》，分别出资持有40.0%、30.1%和29.9%的股权。铁塔资产独立运营，将为运营商节省出充足资金用于4G及5G的研发与推广。

三 运营商跨国并购开疆拓土，设备商寡头格局趋于稳定

运营商方面，2015年世界各国运营商走出国门，寻找新的机遇，跨国并购就成为全球运营商提升竞争力的有力手段。2015年全球电信企业百强名单（见表1）显示，全球电信运营商行业排名第一的美国电话电报公司（AT&T），在2015年1~7月持续大手笔

并购，先后斥巨资收购了墨西哥移动运营商 Iusacell、墨西哥电信运营商 Nextel、美国 DirecTV，投资总额超过 500 亿美元；美洲电信得益于对奥地利电信的整合业务名列榜单前十位；沃达丰在欧洲市场动作频频，总体排名也上升至第七位；日本软银公司继续了2013 年收购 Sprint 后的增长势头，2015 年排名上升至第 5 位。与之相应的，奥地利电信、摩洛哥电信由于被收购无缘 2015 年的榜单。此外有一批公司正在陆续出售着自己的资产，2016 年可能会有更多在榜运营商从榜单隐去。

表1　2015 年全球电信企业百强（前 15 名）

单位：亿欧元

公司名称	2015 年排名	2014 年排名	收入	净收入	国家/地区
AT&T	1	1	1089.54	53.62	美　国
Verizon	2	2	1045.38	96.35	美　国
中国移动	3	4	867.49	146.25	中　国
NTT	4	3	854.34	51.99	日　本
软银	5	7	667.61	58.8	日　本
德国电信	6	5	626.58	32.44	德　国
沃达丰	7	8	577.23	80.88	英　国
西班牙电信	8	6	503.77	32.52	西班牙
美洲电信	9	9	472.48	26.46	墨西哥
中国电信	10	11	433.65	23.74	中　国
Orange	11	10	394.45	12.25	法　国
中国联通	12	12	380.56	16.12	中　国
KDDI	13	13	352.13	34.62	日　本
英国电信	14	15	244.02	29.19	英　国
意大利电信	15	14	215.73	19.6	意大利

资料来源：工业和信息化部电子科学技术情报研究所。

与北美及亚洲火热的并购活动相对，欧盟对企业并购的谨慎态度延缓了欧洲企业的开拓步伐。Telenor 和 TeliaSonera 在丹麦成立合资企业的行动被欧盟委员会禁止。欧盟委员会在电信业企业并购上的态度将对欧洲运营商的并购活动产生一定的消极影响。

通过对北美、亚洲与欧盟的并购政策进行对比可以发现，是否跨界整合是政府对待企业并购态度的关键。成功的企业并购更侧重于对海外市场和业务领域的拓展，如法国有线电视运营商 Altice 集团于 2014 年 11 月斥资 70 亿欧元收购葡萄牙电信，完成对电信领域的布局；美国电话电报公司（AT&T）收购 DiretTV、英国电信收购 EE 也意在弥补业务领域的短板。

总体来看，2015 年世界电信运营商整体保持稳定，利润小幅上升。全球前 100 家电信运营商 2015 年总收入 13300 欧元，同比上涨 1100 亿欧元。其中亚太地区电信运营商总收入 5000 亿欧元，占全球电信运营商收入额的 37.6%；欧洲地区电信运营商总收入 4000 亿欧元，保持世界第二大电信市场地位。

值得注意的是，中国三大运营商中国移动、中国电信、中国联通均继续名列榜单的前 15 名，但盈利略有下滑。2015 年上半年中国移动高居收入榜第三名，净利润榜第一名，营业收入 3407 亿元，同比增长 4.9%，但利润下滑 0.8%；中国电信营收 1649.5 亿元，同比下降 0.6%，股东应占净利润为 109.8 亿元，同比下降 4.0%；中国联通营业收入下滑了 5.7%，利润小幅增长 4.5%。对于营业收入下降，三大运营商给出的解释主要是由于营改增和公司销售模式转型以及公司主营业务（语音业务）收入下降所致。

设备商方面，除诺基亚与阿尔卡特朗讯并购案外，整体格局保持稳定，华为超越爱立信成为世界第一大设备供应商。

受益于全球通信网络容量扩容及中国 4G 网络建设，华为 2015 年上半年实现营业收入 1759 亿元，同比增长 30%，利润率 18%。预计华为 2015 年全年销售收入将至少同比增长 10%，达到 3170 亿元，稳坐全球设备商头把交椅。华为在 3G 到 4G 的转换过程中实现对爱立信的超越，截至 2015 年末，全球超过一半的 LTE 网络由华为承建。

受北美市场增速放缓影响，爱立信 2015 年上半年实现销售收入 1142 亿瑞典克朗，同比增长 11.6%，利润为 36 亿瑞典克朗，同比下降 18.2%。爱立信在技术代际变革中被华为超越，但仍保持对其他几大设备商的相对优势。爱立信财报显示，2015 年第二季度，北美移动宽带业务保持稳定，同时中国 4G 网络建设带来的新增长点是爱立信销售收入保持增长的重要原因。

诺基亚耗资 156 亿欧元完成阿尔卡特朗讯案的并购，合并后的公司净销售额预计将达 247 亿欧元，净利润为 23 亿欧元，2014 年预估研发费用为 42 亿欧元，截至 2015 年 6 月，预计净利润为 81 亿欧元。并购成功使诺基亚目标市场扩大约 50%，市场规模相应提升至 1300 亿欧元。2014～2019 年年复合增长率有望达到 3.5% 左右，显示了良好的增长预期。

中兴通讯 2015 年上半年实现销售收入 459 亿元，同比增长 21.86%，销售利润 16.13 亿元，同比增长 42.96%，显示了良好的增长态势。国内 4G 网络建设及三大运营商的有线交换、接入系统的投入，使中兴通讯的 FDD-LTE 系统设备、有线交换设备、接入系统销售额快速增长。此外中兴通讯国际 4G 业务的拓展也是盈利增长的来源之一。

可以看到，4G 移动宽带网络建设是全球五大运营商销售额增长的主要来源。GSA 统计数据显示，截至 2014 年底，全球商用 LTE 网络总数达到 360 个，共有 124 个国家和地区使用商用 LTE 网络，与 2013 年仅有 23 个国家相比，有了大幅提升。2015 年的 LTE 网络建设继续提速，ABI Research 报告显示，截至 2015 年底，全球 LTE 用户数达到 13.7 亿，预计 2015 ~ 2020 年复合增长率为 20%，按此增速估算，2020 年用户数将超过 35 亿。LTE 商用网络的快速增加给运营商带来广阔提升空间。

全球设备商格局趋于固化，马太效应凸显。根据各设备商 2015 年上半年财报计算，华为公司资产规模为爱立信两倍，爱立信的收入则是诺基亚、中兴通讯之和的两倍之多。未来，华为、诺基亚与爱立信三足鼎立之势成型，华为继续稳固在华市场地位，而在北美与欧洲市场，爱立信与诺基亚之间的竞争将日趋激烈。三强拼争之下，中兴的国际市场份额将日趋收缩，只能退守国内市场待机而动。

在 4G 业务竞争格局稳定的大环境下，各大设备商纷纷出击寻找新增长点，5G 技术的成熟有望催生下一代通信业角逐的新战场。对此，各大设备商已开始提前布局。华为重点关注企业业务市场与终端市场，持续加大该领域投入，从目前市场表现来看，转型战略已经取得成功，华为云计算、存储敏捷网络等产品与解决方案行销海内外，在金融、教育、智慧城市等领域得到认可；爱立信确立了"网络社会"的转型策略，将移动宽带、IP 网络和云计算作为公司未来发展方向，先后收购了 Apcera、MetraTech、Fabrix、Sentilla 等重要的云技术平台，增强了爱立信在云管理、云分析方面的竞争力；诺基亚加大对高速网络的技术投入，最新发布的系统能将网速提升40倍，网络传输能力的提升有望使诺基亚在5G时代占得技术优势。

四　5G成为下一代角逐关键，运营效率与用户体验决定成败

1.5G技术进入实质发展阶段

2015年10月，国际电信联盟（ITU）举办的无线电通信全会确定了研发5G移动系统的路线图（见图3）及其名称"IMT-2020"，规划的主要内容包括：在2015年之前，5G工作将主要集中在愿景、未来技术趋势及频谱的研究；2015年中启动5G国际标准制定，并将首先开展5G技术性能需求和评估方法研究；2017年底启动5G候选技术征集；2018年底启动5G技术评估及标准化；到2020年底，5G技术应具备商用能力。该路线标志着5G系统的总体"愿景"和目标、进程及其部署时间均已获得官方确定。应用内容方面，5G将在提升"以人为中心"的移动互联网业务体验的同时，发展"以物为中心"的物联网业务，实现万物智能互联；应用场景方面，5G将支持海量机器类通信、超高可靠低时延通信等应用场景，充分考虑差异化需求（见图4）；流量趋势方面，视频流量增长、用户设备增长和新型应用普及将成为未来移动通信流量增长的主要驱动力，2020～2030年全球移动通信流量将增长近百倍。

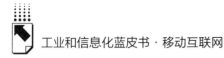

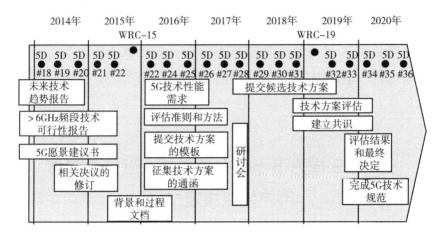

图3　ITU 明确 5G 工作计划时间表

资料来源：ITU。

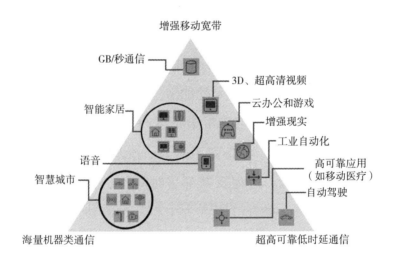

图4　IMT-2020 应用场景

资料来源：国际电信联盟。

事实上，近一两年，通信企业均在不同程度地发力5G。国外方面，急于重夺科技高地的欧盟2015年3月公布了5G公私合作愿景，称 5G 网络将在 2020～2025 年投入运营；德国电信 2015 年初推出了 5G 创新实验室计划；而一度在 4G 领域落后于对手的美国运营商威瑞森表示将于 2016 年测试 5G 技术；国际设备商爱立信、诺基亚等也在积极备战 5G。国内方面，5G 产业链上的相关企业已开始发力。工业和信息化部召开"5G 技术研发实验"启动会，宣布力争到 2020 年商用 5G。按照总体部署，我国的 5G 试验分为两步实施：2015～2018 年进行技术研发试验；2018～2020 年进行产品研发试验。

2. 用户体验与运营效率成为决定因素

与 2G、3G 时代所不同的是，进入 4G 时代，用户体验变得日益重要。随着 4G 时代的到来，智能手机日渐普及并在人们日常生活中发挥着重要作用，人们习惯了随时随地用智能手机上网，这就对网络系统提出了更高要求，如何提升用户网络使用的便利性是未来维持市场规模的关键。

网络便利性是用户体验的首要标准。业界普遍认为，CA（载波聚合）、VoLTE、LAA、小基站等技术有望在未来助力运营商提高网速，提升网络容量，改善室内覆盖，实现精品网络构建。WiFi 本地通话有望成为运营商提升用户体验的有力手段。WiFi 本地通话相比室内蜂窝等语音覆盖解决方案成本更低，有助于运营商覆盖信号盲区特别是室内区域的信号，从而提升服务质量，减少客户流失，对抗 OTT 服务提供商的竞争。可以预见，WiFi 通话服务将成为 2016 年运营商的重头戏，并作为 2017 年大规模部署 VoLTE 服务的先导。另外，收费过高也是影响用户体验的重点问题。聚焦服务热点，针对消费者普遍反映的网速低、资费高等问题，扎实推进网络提速降费，推动落实流量不清零、流量转赠、套餐匹配等各项优惠措施，在网费明显偏高的地区开展宽带免费提速和降价活动，将是 2016 年运营商的主攻方向。

提升运营效率是企业未来保持竞争力的必然选择。面对通信业利润率、投资回报率下降的趋势，运营商必须主动出击，推动运营模式转型，更好地应对市场需求。受此影响，轻资产运营模式与资源共享、服务协同将受到认可。在运营战略上，与其他行业及产业链的协同与融合将带来较高效益。一是丰富电信服务内容，扩大电信服务范围，加速电信业与产品制造、软件开发、数字内容、信息技术服务等内容的交互，加大电信企业向数字化、移动互联网化、融合创新等方向的转型力度；二是拓展电信服务价值链，在语音、流量、消息、实时通信、网络等核心资产基础上，积极利用海量用户信息和用户行为信息等创新资源，加快盘活云资源、地图、位置、支付等价值链资产，通过创新业务模式、合作模式和商业模式，广泛拓展潜在消费市场。

应　用　篇

Application Reports

B.6

移动互联网应用年度盘点

王　帅*

摘　要： 2015 年，世界范围内基于安卓和 iOS 两大阵营的移动应用生态已经趋于成熟，谷歌 Google Play 和苹果 App Store 垄断绝大部分市场份额。移动互联网基于大数据、云计算技术和服务的发展而不断拓展和创新，移动应用由单个领域趋向平台化的特征日益显著。在此基础上，一方面，生活场景化全时服务内容为核心、O2O 为主要商业模式的生活服务类应用蓬勃发展，从深度和广度方

---

* 王帅，工程师，硕士，研究方向为云计算、系统集成等。

面重塑和盘活服务业。另一方面，企业级移动应用需求进一步释放，打破传统生产方式和商业模式，从而降低企业成本、提高业务敏捷性和生产效率。可以预见，企业级移动应用市场将成为移动互联网的下一个竞争领域。

关键词： 移动应用 O2O 企业级移动应用 服务模式

一 移动应用生态成熟，两大阵营竞争格局未变

2015 年，基于安卓和 iOS 的移动应用生态体系已经较为成熟，在世界范围内，移动应用市场已经形成了谷歌 Google Play 和苹果 App Store 双头垄断的局面。尽管随着个性化定制需求的增加，终端厂商战略地位不断提升，但在布局应用市场竞争格局方面，并未跳出既有的两大阵营垄断的格局。根据 App Annie 最新数据，2015 年，得益于巴西、印度、印尼、土耳其和墨西哥等新兴市场增量，Google Play 的下载量超过 App Store 近一倍（见图 1）。尽管安卓从量上正在"蚕食" iOS 的市场份额，但从收入方面来看，依然落后于后者。尤其是 2015 年，中国、美国和日本市场贡献了 App Store 同比收入增量的近 90%。

另外，Windows Store 虽然与 App Store 和 Google Play 还存在不小的差距，但是继 Windows 10 系统推出之后，通过整合微软桌面

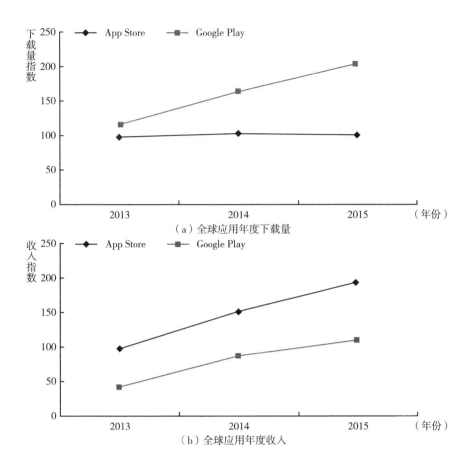

图 1　**App Store 和 Google Play 的下载量及年度收入变化情况**

资料来源：App Annie。

端和移动端，Windows Phone Store 和 Windows Store 合并，市场潜力不容小觑，2015 年 12 月，Windows Store 访问量突破 25 亿人次。

二　移动应用平台扩展，个性化应用带动增量空间

移动应用经历了从工具、娱乐、消费到服务时代的发展历程

（见图2），坐拥大量用户的成熟领域应用正向平台化迈进，进入生活场景化全时服务使用阶段。与此同时，平台开发商正在努力将移动应用拓展到移动设备之外的其他平台，如可穿戴设备和家庭娱乐系统。苹果公司于 2015 年推出了两个全新平台——Watch OS 和 TV OS，与谷歌公司的 Android Wear 和 Android TV 抗衡。

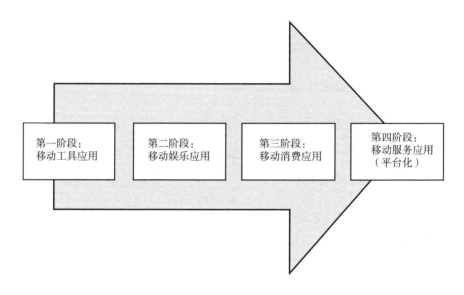

图2　移动应用的四个发展阶段

资料来源：工业和信息化部电子科学技术情报研究所。

移动应用的平台化扩展以及移动终端的多元化，使得移动应用领域不断拓展和创新。根据 Yahoo Flurry 数据，2015 年整体移动使用量增长 58%。其中个性化应用增长达 332%；新闻资讯类应用、实用工具类应用增长率超过 100%；而手机游戏应用使用量连续两年下滑，2015 年增长率为 -1%。尤其是移动互联网与生活方式、购物有着天然的契合度，推动其应用的使用量增长达 81%（见图3）。

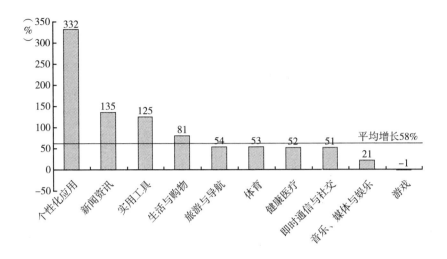

图3　2015年移动应用使用量增长情况

资料来源：Flurry。

其中最为热门的创新领域，如移动出行领域，Uber、Lyft、Ola-Cabs、GrabTaxi和滴滴打车背后公司的估值节节攀升。在线视频领域，由于硬件升级、服务扩展和流量套餐降价，移动在线视频应用收入呈爆炸式增长。在线音乐方面，随着移动流媒体服务成为新趋势，2015年数字歌曲销量创下了历史新低，Spotify等全球领先厂商收益大幅增加，LINE MUSIC、Saavn和QQ音乐等地方厂商也确立了在本地市场的稳固地位。随着安全移动应用的开发，移动支付实现快速增长，如Apple Pay、Google Wallet和MCX的CurrentC等。

三　生活服务类移动应用兴起，O2O模式重塑服务业

移动互联网的普及推动了生活服务市场的蓬勃发展。中国在生活服务类应用，尤其是O2O模式的构建方面站在了全球前列。根

据麦肯锡对中国数字消费者的调查，71%的消费者表示已经在使用O2O服务，97%的人表示会继续使用。

2015年，以中国高成长应用前30名为例，生活服务相关应用占一半，Uber、滴滴出行、美团外卖等服务于日常生活场景的典型应用快速兴起，用户逐渐习惯于通过手机获取线下的便利服务。旅游、团购、招聘、医疗、教育等移动生活服务市场规模均获一定程度的增长，市场竞争进一步扩大。

另外，2015年，移动O2O模式正在重塑服务业，不论是服务领域的广度还是对于企业服务模式的深化，移动O2O与服务业的融合盘活了整个传统服务业。相较于传统的互联网，移动互联网市场资源发布便捷、用户获取信息门槛低、碎片化时间利用率高等特性大幅降低了生活服务类软件获取用户流量的成本，使得用户使用移动设备即时决策成为常态，并且已形成移动端为主、PC端为辅格局的在线支付渠道，也为生活服务类企业在各领域的落地提供了消费闭环支撑。在产品标准化程度较低的便民服务领域（如家政、洗车等），传统的生活服务平台扮演的是连接者和中介的角色，主要解决用户和商户信息不对称的问题。而随着移动互联网的普及，个体商户触网变得更加容易，可以保持随时在线状态，参与互动环节，这也将帮助便民服务领域加快电子商务化进程。近年来，O2O服务扩展到了用户特定的生活环节中，其借助线上与线下连接的便捷优势，适时提供给消费者可能需要的以及相关联的产品或服务，将O2O的垂直细分领域本地化、纵深化、产业链化发展，使O2O的服务场景更加多元化（见图4）。

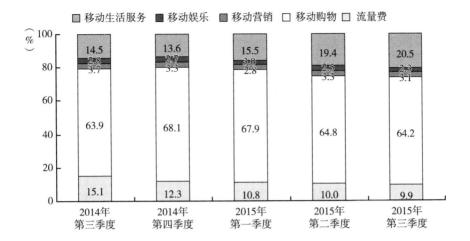

图4 2014年第三季度至2015年第三季度中国移动互联网市场结构

资料来源：Analysys 易观智库。

四 企业级移动应用重点转向服务开发和内容分析

信息革命创造的新业态和生态系统，打破了传统生产方式和商业模式。基于平等、开放、互动、迭代等互联网思维与传统产业相融合，线上与线下，虚拟与现实，互联网与传统经济之间的界限正在消失。特别是进入移动互联网时代，企业必须借助企业级移动软件提升效率，以及移动设备高覆盖率、便携使用等的特点，让员工使用移动设备随时随地参与企业管理。

从市场规模来看，根据 IDC 发布的最新研究，企业级移动应用的数量将在 2016 年翻两番；到 2017 年，企业将把 IT 预算的 25% 用于移动应用程序的开发、部署和管理。目前，全球已有三分之一的大型公司利用移动开发平台部署移动应用程序。据海比研究预测，

2016 年中国市场规模将达到 627.4 亿元，未来四年将呈现高速增长，复合增长率达到 60%，企业级应用市场将成为移动互联网企业争夺的下一个主战场（见图 5）。

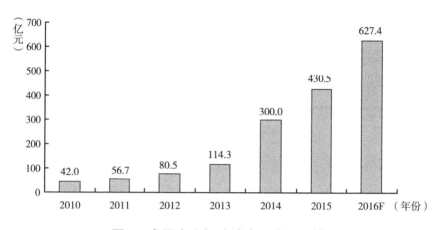

图 5　中国企业级移动应用市场规模

资料来源：由工业和信息化部电子科学技术情报研究所整理。

从企业级移动应用情况来看，根据 Gartner 的调查显示，企业正在将其信息化建设的重点由基础设施建设全面转向应用服务程序开发、内容分析、数据挖掘等方面，发展基于平台的应用服务及管理。来自 Distimo 的分析报告显示，全球前 100 强企业[①]中，91% 都在移动应用商店发布应用，大部分会选择苹果的 App Store。iPhone 平台成为移动企业级应用的领导者，大多数企业开发使用少于 10 个自定义开发的应用程序，并且主要集中于 iPhone、iPad 和安卓手机平台，尤其是 iPhone 平台（见图 6）。但同时，该机构

---

① 全球前 100 强企业指的是 Interband 发布的 *2011 Best Retail Brands Report* 中的前 100 名跨国企业。

也预测安卓平台的优势在未来几年将逐步显现，有可能赶超 iPhone 平台。

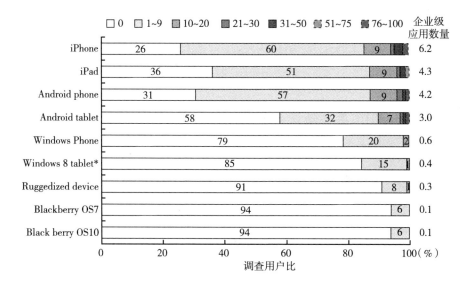

图6 各移动平台上企业级应用部署情况

注：＊不包括 Windows notebook。
资料来源：Gartner。

随着移动应用的普及，BYOD（Bring Your Own Device）用户量增加，企业客户对于移动设备管理 MDM（Mobile Device Management）和移动应用管理 MAM（Mobile Application Management）需求会越来越多；另外，企业客户未来也会将自身应用商店的建设作为移动应用的一个重点，以便于应用发布、管理维护和更新升级。

B.7

移动出行高速发展，行业进入整合期

黄 洁*

摘　要：　2015 年移动出行风靡全球，进入持续稳定的高速发展
时期，成为共享经济的典型代表。当前，中国移动出行
市场出现多次融合兼并，移动出行领域的寡头格局逐渐
形成，滴滴出行占据龙头地位。中国移动出行市场集中
度较高，主要集中在一、二线人口密集城市，较好地释
放了城市运力。移动出行的出现直接影响了长时间垄断
城市客运服务的出租车行业，新旧利益博弈激烈，在此
背景下，我国从 2015 年初开始陆续出台相关政策，行
业改革进入快车道。

关键词：　移动出行　市场整合　共享经济

一　移动出行风靡全球，整合共享城市运力

2015 年移动出行风靡全球，进入一个持续稳定的高速发展时期。

---

* 黄洁，助理工程师，管理学硕士，专注于产业互联网、中小企业等领域产业政策研究。

以移动互联网技术为基础的移动出行已成为交通领域的重要力量，移动出行逐步体现出整合、共享的特点（见表1）。

表1　全球移动出行典型企业发展情况

北美	Uber	Uber 成立于 2009 年，总部位于美国纽约，目前已拓展全球 68 个国家，超过 400 个城市。Uber 擅长整合各类资源，自身不运营车辆，而是与出租车公司、汽车租赁公司甚至私人签署合同，灵活多元的运营方式满足了美国人的出行需求，迅速拓展了本地市场
	Lyft	美国打车软件 Lyft 在 2007 年以拼车社区起步，是 2015 年美国增长最快的移动出行企业。目前 Lyft 服务已覆盖 190 多个城市，2015 年预计收入达到 10 亿美元。2015 年 9 月，Lyft 与中国打车软件公司滴滴出行宣布战略合作，获得滴滴出行 1 亿美元战略投资，开始与亚洲移动出行公司战略联合
欧洲	Hailo	在英国，占据较大市场份额的打车软件是 Hailo，于 2011 年 11 月正式推出应用程序，其商业模式是向司机和客户收取交易服务费。Hailo 规定"严苛"：司机若持续废单而没有合理原因，将被 Hailo 从网络中移除；乘客没有在出租车达到指定地点 5 分钟内上车且没和司机联系，将被罚款 5 英镑。由于英国有完善而严格的出租车服务与监管体系，司机及客户都愿意遵循这种支付服务费的模式，目前 Hailo 在伦敦市场仍然盈利。不过 Hailo 在其他国家很难推广，收费模式是主要推广障碍
	City Cabs	该 APP 应用由位于苏格兰爱丁堡的出租车公司 City Cabs 推出，用户只需选择车型并填入起止地点名称或邮编便可实现叫车，City Cabs 只提供线上调度，没有"加价"服务，司机评价得分不高将无法继续获得订单
亚洲	Line Taxi	日本 Line Taxi 出行平台依托日本版微信 Line，负责处理移动端支付，司机和出租车则来自日本最大的出租车公司——日本交通，负责车辆整合，由于日本公共交通发达，出租车价格昂贵，因此，日本打车软件面临公共交通的较大竞争压力
	滴滴出行	滴滴出行是中国最大的移动出行服务商，公开数据显示，滴滴出行已拥有 2.5 亿的注册用户，超过 1000 万的注册司机，2015 年全平台订单总量达到 14.3 亿单，目前，滴滴专车已占据中国 87.2% 的专车市场份额
	GrabTaxi	GrabTaxi 是东南亚地区的出行平台，通过 APP 为用户提供多种服务，其中包括出租车、摩托出租车、专车、拼车和送货服务。GrabTaxi 在 6 个国家提供每日近 150 万单出行服务，并占有这些地区出租车和专车市场 95% 和 50% 的份额

资料来源：由工业和信息化部电子科学技术情报研究所整理。

不论是国外的 Uber、Lyft、Hailo，还是国内的滴滴出行，这些由市场孕育而生的"互联网＋交通"应用为乘客出行带来了方便，释放了城市运力。基于大数据分析，移动出行类应用能够将供需双方进行无缝链接，形成对传统出行强大的竞争力：一是将供需的数据进行匹配，用价格调节机制恢复了市场的活力；二是整合利用社会零散供应资源破除了牌照对供应资源的限制；三是移动出行将供需双方的交易成本、时间成本直线拉低。

作为移动互联网共享经济的典型代表，移动出行已成为缓解城市出行难的有效方式。以移动互联网技术为核心的企业用车、拼车、物流，包括未来的智能公交等多种形式必将成为交通共享经济的重要组成部分，分享经济在交通领域的深度运用，关键在于资源的整合释放社会化运力。

二 市场区域集中性高，出行应用呈多元化

与移动互联网其他细分行业相比，中国移动出行市场的集中度较高。移动出行市场主要集中在一、二线人口密集城市，品途网数据显示，在出行 O2O 移动应用用户整体分布中，一线城市占比35.1%，二线城市占比35.8%，三、四线及以下城市占比29%；其中，北京在出行 O2O 方面排名第一，占比14%，排名前十的省份占比则达到了73.6%。从用户角度看，根据零点机构的调查数据，中国一、二线城市的用户对网络专车平台的支持率高达86.7%。

出行市场已经应用到了生活场景的各个细分领域，移动应用呈

多元化发展趋势。目前出行市场企业除了在打车、专车领域继续深度挖掘以外，在拼车代驾、大巴、试驾、二手车、城市物流、停车等应用领域亦开始试水和发力（见图1）。

打车		专车		拼车		代驾		租车	
滴滴出行	飞嘀打车	Uber	神州专车	嘀嗒拼车	51用车	e代驾	爱代驾	神州租车	一嗨租车
打车小秘	打车宝	一号专车	易到用车	快拼车	微微拼车	微代驾	代驾通	宝驾租车	PP租车
二手车		巴士		养护		停车		长途	
平安好车	瓜子	车来了	滴滴巴士	车点点	易快修	ETCP	停车宝	12306	去哪儿
优信	人人车	小猪巴士	嗒嗒巴士	弼马温	养车宝	停车百事通	停车通	旅行纵横	12308

图1 2015年中国移动出行市场图谱

资料来源：由工业和信息化部电子科学技术情报研究所整理。

2015年9月，滴滴打车更名为滴滴出行，旨在打造一站式的出行平台；2015年，滴滴出行陆续上线了企业服务、快车、顺风车、巴士、代驾服务；12月，滴滴出行宣布正式推出卖车业务，并将持续对汽车相关领域，包括汽车销售、金融和后市场等领域进行探讨和尝试。Uber也在试水细分领域，2015年12月，Uber中国公司宣布将与广州汽车集团在股权投资、汽车销售、维修保养、二手车、汽车信贷、保险及租赁以及新能源汽车领域等方面开展战略合作。

当前，各个细分领域都有典型应用，发展势头良好。综合打车类软件中，滴滴出行的用户覆盖最高，Uber 紧随其后；租车类应用用户覆盖率也较高，以神州租车为典型应用；拼车类应用处于起步阶段，嘀嗒拼车用户覆盖率较高；专车类应用在 2015 年异军突起，Uber、一号专车等展开激烈竞争；二手车类应用竞争激烈，优信、瓜子、人人车三足鼎立；停车类应用中，ETCP 势头最猛，于 2015 年 6 月获得了 A 轮 5000 万美元的融资；洗车保养类应用中，随着领头羊"博湃养车"的倒下，商业模式亟待创新；"互联网 + 巴士"成为 2015 年移动出行热门领域，场景主要集中于白领上下班乘车，易道巴士、PP 大巴、接我、嘀嗒巴士、滴滴巴士、嗒嗒巴士都已相继杀入。

三 中国移动出行领先，市场进入整合阶段

从用户数、订单数和商业模式创新角度来说，中国的移动出行领域处于领先地位。App Annie 数据显示，2015 年第 4 季度，中国在 iPhone 端使用拼车与打车应用的用户数量排名第一，有超过 30% 的 iPhone 用户至少使用 1 款拼车或打车应用，高于美国、德国、巴西、墨西哥。易观智库数据显示，2015 年，中国移动出行市场交易规模达到 681.6 亿元，2015 年新增的市场交易额主要由专车和拼车等细分领域贡献（见图 2）。

2015 年移动出行领域融合兼并频繁，进入行业整合期。2015 年 2 月，滴滴打车和快的打车宣布合并，成为中国最大的互联网出行平台；2015 年 8 月，滴滴快的投资东南亚最大打车

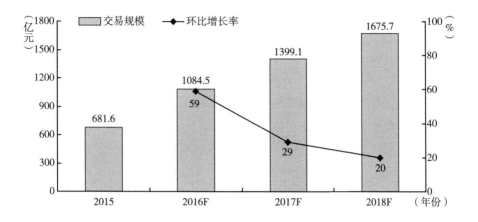

图2　2015～2018年中国出行市场交易规模预测

资料来源：易观智库。

应用Grabtaxi；9月，滴滴出行投资美国打车应用Lyft并与其开展战略合作；2015年10月，神州专车、e代驾宣布"联姻"，双方签署全面战略合作协议，将在业务和资本层面展开全方位合作（见图3）。

图3　2015年中国出行市场整合情况

资料来源：由工业和信息化部电子科学技术情报研究所整理。

移动出行应用多元化发展极大地提高了人们的出行舒适度与便利，拓展了整个出行市场，当前，中国移动出行领域的寡头市场格局逐渐稳定，滴滴出行占据龙头地位，Uber 稳居市场第二位（见图4）。

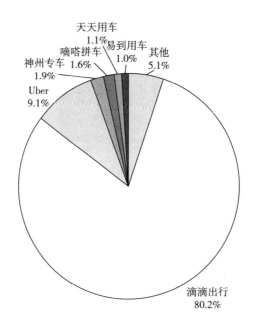

图4　2015 年中国移动出行市场占有率

资料来源：速途研究院。

互联网巨头开始纷纷布局移动出行细分领域，快车、拼车、二手车之类的市场成为移动出行市场争夺的重点。Uber 和易到用车已接入百度系旗下渠道级应用并获得大量用户资源；百度投资 51用车和天天用车，同时自营百度地图顺风车，并通过旗下渠道级应用进行导流；百度与宝马合作，推进高度自动化驾驶技术、车载平台 Carlife 以及智能汽车方面的研究；阿里巴巴与上汽合作，合资设立 10 亿元互联网汽车基金，并成立汽车事业部；腾讯则与富士康、和谐汽车展开智能汽车领域的创新合作。

四 利益博弈愈演愈烈，传统交通倒逼改革

移动出行类软件的出现直接影响了长时间垄断城市客运服务的出租车行业，新旧利益博弈激烈，最直观的体现就是出租车司机的抗议行为。2014 年，从英国首都伦敦到意大利米兰，超过 3 万名出租车和豪华车司机在旅游中心和商业区举行罢工，敦促欧洲各国政府制定严格政策限制打车软件 Uber。2015 年初，沈阳、杭州、南京等多座城市均不同程度地出现出租车罢运。

旧制度与新技术的冲突从打车软件进入市场持续至今。由于打车软件的运营模式不同于出租车的按公里计价模式，打车软件比出租车业缴税更少；在行业准入方面，出租车营运必须获得执照，但打车软件的服务开展不以行政许可作为前提；此外，移动专车、拼车等服务涉嫌运营黑车等问题。因此，一部分国家承认了其合法性，批准其在一定条件下开展运营，但仍有很多国家对这一新兴事物还是持保守态度，认为打车软件获得了不正当的竞争优势，破坏了出租车的行业规则。

在移动出行的倒逼下，传统出租车行业的弊端不断凸显，竞争力普遍较弱。首先，出租车受到地方政府严厉管制，投放数量受到严格控制，运行区域与定价上也极不自由；其次，出租车司机需提交高昂的"份子钱"，出租车司机生存压力大，传统出租车行业存在产权边界不清晰、行业内服务质量差等问题；最后，由于出租车司机本身认同感低，从业人员不断流失。

在此背景下，我国从 2015 年初开始陆续出台相关政策（见表2），行业改革进入快车道。

表 2 2015 年中国出台移动出行相关政策

日期	改革内容
2015 年 5 月	浙江省义乌市出台了《义乌市出租汽车改革运行方案》,不再管控出租车数量,并逐步取消营运权有偿使用费即俗称的"份子钱"
2015 年 9 月	广州放开"份子钱",实行市场调节
2015 年 10 月	上海市出租车调整驾驶员增收并停收"份子钱",改收每月 50 元服务费
2015 年 10 月	交通部发布《关于深化改革进一步推进出租汽车行业健康发展的指导意见(征求意见稿)》和《网络预约出租汽车经营服务管理暂行办法(征求意见稿)》,将出租车定位为城市公共交通的补充部分,将网约专车归于出租客运
2015 年 12 月	宁波出台出租车改革方案,停收"份子钱",允许符合条件的社会力量从事传统出租汽车和网络约租车经营,逐步推进出租汽车运价市场化改革
2015 年 12 月	杭州出台出租车改革方案,停收"份子钱"

资料来源：由工业和信息化部电子科学技术情报研究所整理。

B.8
移动互联网金融时代开启

李德升*

摘　要： 全球移动经济迅猛发展，移动互联网与金融的融合加快，带动移动金融兴起。移动金融服务已扩展至全球大部分地区，并在欠发达地区和落后地区得到较好应用。作为移动金融服务的入口，移动支付以超过30%的速度在全球增长，并推动其他移动金融服务跟进发展。保险业正积极走向移动化，以移动互联网、大数据、物联网为代表的新一代信息技术正在促进保险业创新。中国移动金融发展表现抢眼，已成为全球最主要移动金融市场之一，但在快速发展的背后，行业乱象不断，信息安全、支付安全和个人隐私保护问题凸显，亟待加强行业规范和法律建设。从发展趋势看，移动金融将向横向综合化和纵向垂直化两个方向发展，而且将与生活场景深度融合。同时，技术融合和技术创新将为移动金融创新发展带来无限想象空间。

关键词： 移动支付　互联网保险　中国市场　场景化

---

* 李德升，高级工程师，经济学博士，中国社会科学院财经战略研究院博士后，信达财产保险股份有限公司战略企划部副总经理，主要研究领域为服务经济、互联网金融等。

一 全球移动经济发展迅猛，推动开启移动金融时代

移动互联网在全球快速发展，带动了移动经济的兴起，对全球经济增长和就业的贡献日益突出。根据全球移动通信系统协会（GSMA）的数据，2014 年全球独立移动用户数量超过 36 亿，这意味着全球一半人口是移动用户。2015 年，全球独立移动用户数量约为 38.38 亿。到 2020 年，这一数量有望再增加约 8 亿，届时超过 60% 的人口将使用移动服务。按 SIM 卡接入数量计算，平均每个移动用户约有 1.8 张 SIM 卡，2015 年全球接入用户数超过 75 亿（见图 1）。发达国家移动互联网渗透率很高而且趋近饱和，欧洲地区有 80% 的人口为移动用户，北美地区为 70%。发展中国家移动用户占人口的比重较低，但增速较快，有望从 2014 年的 44.6% 增长到 2020 年的 56%。

图 1 全球独立移动用户数增长情况

资料来源：GSMA。

移动宽带和智能手机兴起是驱动移动互联网快速发展的重要因素。2014年，全球3G网络接入率已达到73%，4G为26%，已有118个国家部署了335个LET网络。到2015年末，3G网络接入率近80%，4G为35%左右；发达国家4G覆盖率超过90%。2015年全球智能手机普及率在45%左右，发达国家已接近70%。在移动宽带和智能手机应用的刺激下，全球移动数据量增长惊人，2015年超过了4000PB，而且在2019年之前将以近60%的速度增长。

随着移动互联网的快速发展，移动互联网对全球经济的贡献越来越大，移动产业已成为全球经济的中流砥柱。根据GSMA的统计，2014年，移动产业对全球经济的贡献达3万亿美元，相当于全球GDP的3.9%（见图2）。这个贡献主要体现在四个方面：移动运营商的直接贡献、移动生态体系里其他参与者的直接贡献、对宽带经济的间接带动、移动技术对生产率的提升。2015年，移动产业对全球经济的贡献初步估计超过3.1万亿美元，相对于全球GDP的4%。

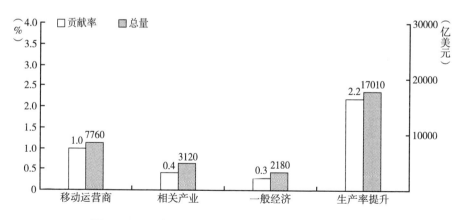

图2　2014年移动互联网对全球GDP总的贡献

资料来源：GSMA。

移动互联网的广泛渗透和移动经济的繁荣，带动了移动金融的兴起，特别是以资金转账、支付为主要功能的移动货币发展迅速，并逐渐走向成熟。过去几年里，移动金融服务已扩展到非洲、亚洲、拉丁美洲、欧洲和中东的大部分地区。值得一提的是，移动货币在非洲、南亚、拉丁美洲等落后地区或发展中国家应用最广，其主要原因是这些地区银行服务不发达，而移动互联网和智能手机的普及提供了金融服务便利。根据 GSMA 的统计数据，截至 2014 年 12 月，89 个发展中市场中有 255 个活跃的移动货币服务，移动货币服务在发展中市场的覆盖率超过 60%，其中撒哈拉沙漠以南非洲地区的覆盖率超过 80%（见图 3）。从爱立信的调查来看，肯尼亚使用移动货币的比例最高，无论是支付购买商品和服务，还是转账、账单支付，都要高于被调查的其他国家（见图 4）。另外，爱立信的这份调查数据也显示移动货币未来市场空间还很大，新兴市场如巴西、南非等计划在未来使用移动货币的人数比例都很高。

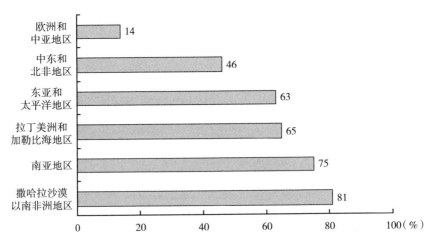

图 3　发展中地区移动货币使用比例情况（截至 2014 年 12 月）

资料来源：GSMA。

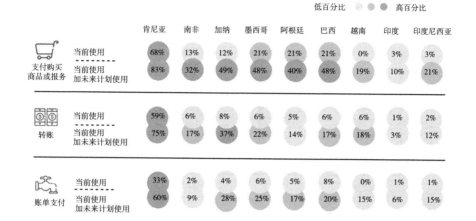

图4　移动金融服务应用情况

资料来源：爱立信。

二　移动支付发挥引领作用，市场混战凸显竞争加剧

在智能手机快速普及的带动下，非现金支付加快从 PC 端向移动端发展。2012 年以来，移动支付以 30% ~60% 的速度保持增长，并带动其他移动金融服务迅猛发展。根据 Gartner 此前的预测，2015 年全球移动支付交易额为 4311.15 亿美元，是 2012 年的 2.64 倍（见图5）。IDC、Juniper 等知名市场研究机构也曾对全球移动支付的交易额做过预测或估算。综合来看，2015 年全球移动支付交易额应在 5000 亿美元左右。

从区域来看，亚太地区移动支付发展最快，移动支付用户普及率已经超过欧洲、美洲和拉丁美洲。其中，日本、韩国和新加坡等移动支付市场发展较为成熟，在全球都处于领先地位；中国、印

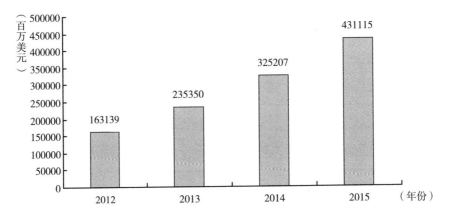

图 5 全球移动支付交易额增长情况

资料来源：Gartner。

度、菲律宾等新兴市场则增长迅速，尤其是中国移动支付用户数在过去三年里翻了两番多。亚洲地区移动支付的迅猛发展主要得益于快速增长的移动互联网用户数和较好的经济增长。根据 Statista 的数据，2015 年亚洲的移动支付用户数量超过了 1.4 亿，远超其他地区（见图 6）。同时，亚洲一些国家出台支持政策也起到了鼓励作用。从另一个角度来看，移动支付对亚洲经济增长的重大辅助作用也是不可或缺的。移动支付已成为亚洲地区 GDP 的重要拉动力量，在促进经济增长、繁荣金融贸易方面起到重要作用。

从移动支付的技术实现方式来看，非结构化补充数据业务（USSD）和 APP 是应用最多的技术方式，2014 年分别占到了 86%和 62%（见图 7）。随着越来越多智能终端厂商进入移动支付领域，近场通信（NFC）支付方式开始成为行业热点，但实际上 NFC支付方式在市场上应用还不广泛。Gartner 的数据显示，2015 年NFC 支付的交易额只占到总交易额的 3.1%。

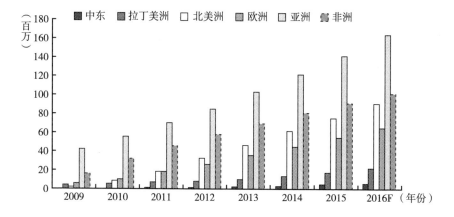

图6 全球各地区移动支付用户数增长情况

资料来源：Statista。

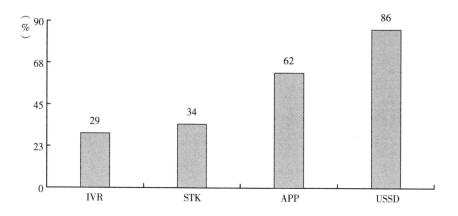

图7 2014年全球主要移动支付方式所占比重

资料来源：GSMA。

对整体移动应用来说，移动支付扮演着入口的角色，对移动金融、移动电商、移动游戏等都具有重要作用，是构建移动经济生态中不可或缺的环节。随着移动经济的不断发展壮大，移动支付的重要性凸显，越来越多的企业和技术品牌加入移动支付市场，竞争日益激烈。苹果公司于 2014 年 10 月推出 Apple Pay，引起市场的高度关注。但在这之后，Apple Pay 在美国一直未得到较快普及，其原因一是只兼容苹果设备，二是缺少推广。也许是为了改变这种状况，苹果公司加快了在美国之外其他市场布局 Apple Pay 的步伐，同时也扩大了与银行、销售终端的合作。截至 2016 年 1 月，Apple Pay 已登陆美国、英国、澳大利亚和加拿大市场，支持银行超过 950 家，包括 Cinnabon 餐厅、Chili's 美食休闲餐厅、达美乐比萨、肯德基和星巴克等商家都已支持 Apple Pay。苹果公司还计划 2016 年在中国内地、西班牙、中国香港等地推出 Apple Pay。

虽然苹果公司对 Apple Pay 雄心勃勃，但由于支付市场受到政府部门以及金融巨头的控制，Apple Pay 在过去一年里碰到不少困难，传统企业和银行的力阻是一个重要影响。另外，苹果公司在移动支付领域同样要面对老对手三星、谷歌、微软的竞争。三星公司通过收购美国 LoopPay 公司获得了磁场支付技术，紧随苹果公司之后推出了三星支付（Sumsung Pay）。谷歌在 2015 年 5 月宣布将推出 Android Pay，半年之后 Android Pay 就正式登陆应用商店。此外，移动支付市场还有 Square、Paypal、GoPayment、ROAMpay、Dwolla、Breadcrumb、PaySimple、CurrentC 等众多支付产品。在中国市场，支付宝、微信支付等支付品牌占有大部分市场。另外，除了智能终端厂商、互联网企业，越来越多的传统金融企业、金融信息服务机构，甚至一些大型零售商都开始涉足移动支付领域，比如巴克莱银行、万事达、Visa、沃尔玛等都推出了自己的移动支付应用。

移动支付市场的竞争加快了资源整合和技术创新，促进了移动支付业务的繁荣和多样化发展，为消费者提供了更多的选择。从应用趋势来看，移动支付将更加融入生活场景，线上线下融合加强。从技术趋势来看，认证技术的发展将带动移动支付走向智能化，指纹、掌纹、虹膜、人脸等生物识别技术的进一步发展将提升移动支付认证技术，使移动支付更加安全和便捷。

三　保险业积极走向移动化，技术融合加快保险模式创新

近年来，互联网与保险业的融合不断深化，互联网保险突飞猛进。以移动互联网、大数据、物联网为代表的新一代信息技术正在促进保险业创新。波士顿咨询公司（BCG）认为，"保险业正处于技术驱动变革的边缘"，这是因为，在移动互联网时代，有数十亿的设备和用户接入，在物联网时代接入的设备和用户数量更是可达数百亿（见图8）。另外，移动互联网、社交网络等新兴应用能在短时间内聚集起庞大用户群。电话用户达到10亿用时110年，电视用户达到10亿用时49年，移动通信缩短为22年，互联网仅为14年，而智能手机和Facebook仅用了8年（见图9）。当前，直接和间接的在线渠道在保险业广泛应用，而且应用不断深入，据BCG调查分析，在客户提交保险理赔时，在线渠道占总渠道的比重为31%；在研究新的保险条款时，在线渠道占了42%；相比之下，只有8%的消费者在整个保险消费过程中没有使用任何在线渠道，即所谓的"线下消费者"。

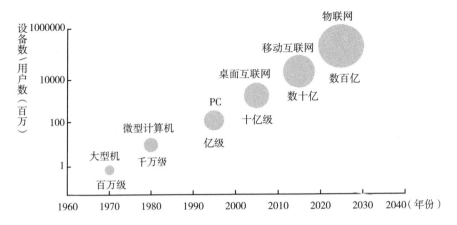

图8 随着信息技术进步，接入设备数和用户数呈几何级数增长

资料来源：BCG。

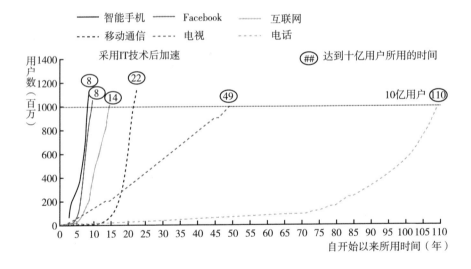

图9 不同媒介渠道达到 10 亿用户所用的时间

资料来源：BCG。

移动保险服务正呈规模化发展，商业模式也越来越多样化。根据 GSMA 的数据，2014 年，在 30 个不同国家有 100 项活跃的保险服务在提供，其中56%的移动保险服务由移动运营商主导（见图10）。
2014年上半年，保险业已经成交了1700万份移动保险保单，较上年
同期增长了263%。作为比较，拥有1亿700万成年人口的孟加拉国
在同期成交了1800万份保单。寿险是移动保险中最常见的险种，在
GSMA的调查中，移动保险服务提供商提供的产品中有2/3是寿险产
品；其他的移动保险产品还有健康险、意外险、农业险等，其中健
康险开始发力，在移动渠道中有可能超过寿险。移动保险服务提供
商的形式较多，既有保险公司通过移动终端提供服务，也有移动运
营商单独或与保险公司合作提供服务，还有保险中介机构或专门的
互联网保险公司搭建移动互联网保险平台提供服务。不管是哪类移
动保险服务提供商，都在积极创新商业模式，改变着行业面貌。一
些移动保险服务提供商不再是简单地收取保费，而是采取对忠诚客
户进行保险回报的方式吸引客户；还有一些移动保险服务提供商采
取"免费增值"模式，对客户提供免费的基本保险，进而希望客户
在此基础上主动升级更多保险服务。在GSMA开展的调查中，"忠诚
度"模式占到42%，"免费增值"模式占7%（见图11）。

　　与传统保险相比，移动保险更加注重用户体验，极大节省了营
销费用，更重要的是，通过与大数据、物联网等技术进一步融合，
保险模式将发生革命性变化。它可以使保险服务由主要面向"人"
延伸到直接面向"物"和"环境"，推动保险服务向精细化、智能
化方向发展；使得全量数据分析和精确预测成为可能，进而推动保
险精算定价模式的变革；可以实现风险精准衡量和个体行为模式判
断，进而驱动保险产品和服务的细分化和个性化发展，并进行延伸
和跨界。UBI就是这种融合创新后产生的新的保险模式。

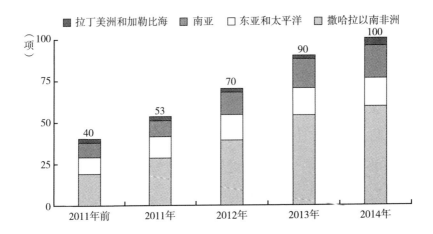

图10　2014年不同地区活跃移动保险服务数量

资料来源：GSMA。

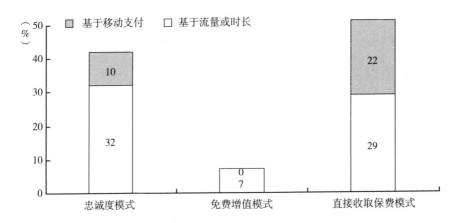

图11　移动保险服务主要商业模式的份额情况

注：调查时间截至2014年7月。
资料来源：GSMA。

对 UBI 通常有两种解释：一种是 Usage Based Insurance，即基于使用来付费的保险；另一种是 User Behavior Insurance，即按驾驶人行为来设计的保险。虽然两种解释不同，但是本质上差不太多，其理论基础是驾驶行为表现较安全的人员应该获得保费优惠，保费取决于实际驾驶时间、地点，具体驾驶方式或这些指标的综合考量。欧美发达国家车联网较为成熟，UBI 普及程度也较高。在美国，主要保险公司基本都推出了 UBI 产品，许多中小保险公司也推出自己的 UBI 产品，还未推出产品的中小型保险公司也在积极调研和研发 UBI 项目。除夏威夷外，美国每个州都有至少一款 UBI 相关产品，50 个州中超过一半有 4 种或以上的 UBI 项目在争取最好的驾驶员。美国保险监管机构对 UBI 产品也一改以往对保险产品创新的审慎态度，积极支持发展。英国、法国、意大利等欧洲国家的许多主要保险公司都推出了 UBI 产品。在我国，终端厂商和互联网企业对车联网热情高涨，纷纷进行车联网技术的开发和商业模式布局，但车联网保险还处于探索起步阶段，几家大型的保险公司正在积极研究和试点，广大中小保险公司还在关注之中。

四 中国市场表现极为抢眼，快速增长背后存有隐忧

中国互联网和移动互联网在用户数、普及率方面都达到了较高水平，互联网和移动互联网对经济社会发展和个人生活的影响进一步深化，从信息沟通和娱乐为主的应用向服务、交易等为主的应用发展，尤其是互联网金融呈爆发式增长，市场规模和用户规模快速攀升。根据市场机构的统计，2015 年第一季度，中国互联网金融市场整体规模超过 10 万亿元；用户规模在 2014 年底达到 4.1 亿，渗透率达到 63.4%，估计 2015 年底用户规模为 4.9 亿，渗透率达 71.9%（见图 12）。

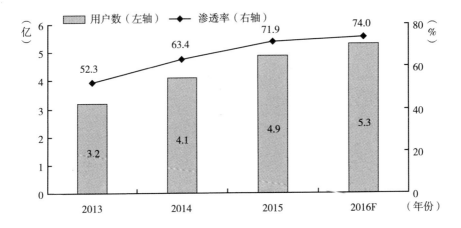

图 12 中国互联网金融用户增长情况

资料来源：根据互联网相关资料整理。

随着移动互联网用户趋于饱和，移动应用逐渐深入人心，传统金融机构加速拥抱移动互联网，互联网企业纷纷进军移动金融领域，2015 年中国开始掀起移动金融热潮。工业和信息化部的统计数据显示，截至 2015 年 11 月底，中国移动电话用户规模达到 13.04 亿，移动互联网用户数达到 9.54 亿。根据 TalkingData 的数据，2015 年中国移动金融理财用户数 8.2 亿，在移动互联网用户中的渗透率超过 60%。移动金融服务几乎涉及金融的各个细分领域，其中，支付、银行和证券行业发展相对较为成熟，用户规模较大；保险和理财用户规模相对较低，但增速高，发展潜力较大（见图 13）。中国互联网络信息中心（CNNIC）的数据显示，2015年，手机网上支付和手机网上银行已成为重要的手机互联网应用，其中手机网上支付的网民使用率达到 57.7%，手机网上银行的网民使用率为 44.6%（见表 1）。

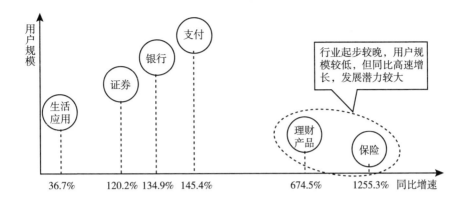

图 13 移动金融细分行业用户规模及增速

资料来源：TalkingData。

表 1   中国网民各类手机互联网应用的使用率

单位：万人，%

应用类别	2015 年		2014 年		用户规模年增长率
	用户规模	网民使用率	用户规模	网民使用率	
手机即时通信	55719	89.9	50762	91.2	9.8
手机网络新闻	48165	77.7	41539	74.6	16.0
手机搜索	47784	77.1	42914	77.1	11.3
手机网络音乐	41640	67.2	36642	65.8	13.6
手机网络视频	40508	65.4	31280	56.2	29.5
手机网上支付	35771	57.7	21739	39.0	64.5
手机网络购物	33967	54.8	23609	42.4	43.9
手机网络游戏	27928	45.1	24823	44.6	12.5
手机网上银行	27675	44.6	19813	35.6	39.79
手机网络文学	25908	41.8	22626	40.6	14.5
手机旅行预订	20990	33.9	13422	24.1	56.4
手机邮件	16671	26.9	14040	25.2	18.7
手机团购	15802	25.5	11872	21.3	33.1
手机论坛/BBS	8604	13.9	7571	13.6	13.7
手机网上炒股或炒基金	4293	6.9	1947	3.5	120.5
手机在线教育课程	5303	8.6	—	—	—

资料来源：CNNIC。

　　移动支付业务高速增长，市场争夺激烈。中国人民银行的统计数据显示，2015 年前三个季度银行机构处理移动支付交易金额分别为 39.78 万亿元、26.81 万亿元和 18.17 万亿元，同比增长分别为 921.49%、445.14% 和 194.86%（见图 14）。第三方移动支付增速虽然没有银行机构的移动支付高，但也基本保持 50% 的增速。艾瑞咨询的数据显示，2015 年前三个季度第三方移动支付交易金额分别为 20015.6 亿元、22966.2 亿元和 24204.9 亿元，同比增长分别为 42.2%、69.7% 和 64.3%（见图 15）。从第三方移动支付的市场格局来看，主要互联网企业基本都已进入，金融机构和移动运营商也纷纷推出移动支付产品，市场竞争日益激烈，但支付宝一家独大、财付通大力追赶、众多支付品牌共存的局面基本确定。2015 年第三季度，支付宝占了 69.9% 的市场份额，财付通占19.2%，两者之和近 90%（见图 16）。

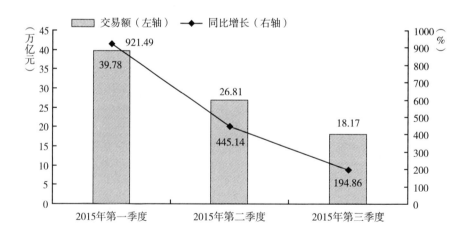

图 14　2015 年前三季度银行机构手机支付交易金额及增长率

资料来源：中国人民银行。

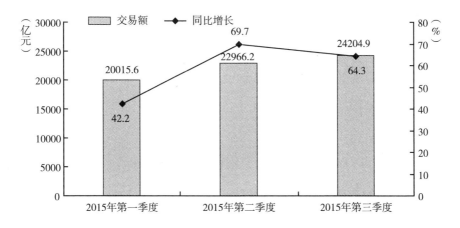

图15　2015年前三季度第三方移动支付市场规模及增长率

资料来源：艾瑞咨询。

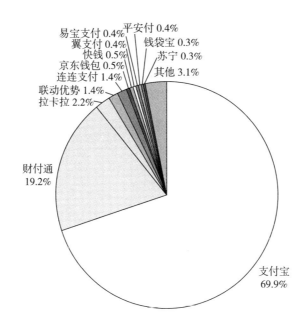

图16　2015年第三季度中国第三方移动
支付市场份额分布情况

资料来源：艾瑞咨询。

移动银行进入快速发展阶段。根据中国金融认证中心的数据，2015年全国个人手机银行用户比例为32%，比2014年增长近14.5个百分点。易观智库的数据显示，2015年前三个季度中国手机银行客户交易规模分别为120751亿元、142451亿元和174337亿元，同比增长分别为114.9%、101.5%和104.8%（见图17）。从各银行的移动银行应用情况来看，大型国有银行和股份制银行的覆盖率和活跃度要高于其他银行和农信社，在2015年3月TalkingData开展的调查数据中，中国建设银行居首位，其次是中国工商银行（见图18）。但从市场份额来看，工商银行由于在2015年初成立互联网金融营销中心，连续推出多个互联网金融服务，因此其手机银行市场份额在2015年第三季度反超中国建设银行0.1个百分点，处于领先地位（见图19）。

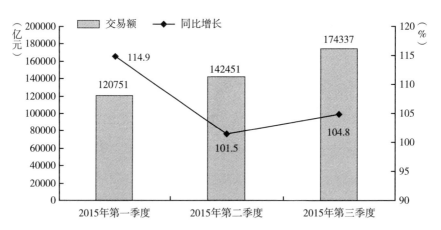

图17　2015年前三季度中国手机银行客户交易规模增长情况

资料来源：易观智库。

互联网保险发展迅猛，带动移动保险兴起。根据中国保险协会的数据，2014年中国互联网保险业务收入为858.9亿元，比2011

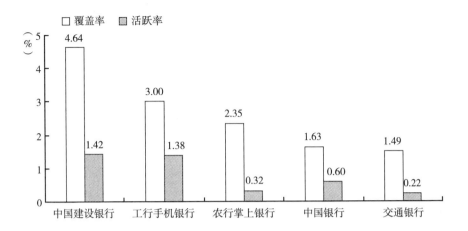

图18 国有大型银行移动银行应用排行

资料来源：TalkingData。

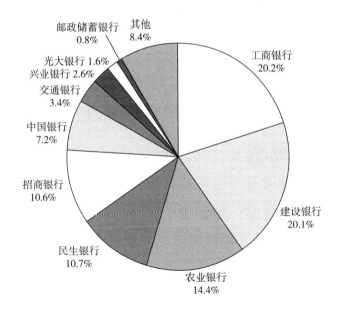

**图19 2015年第三季度中国手机银行
市场份额分布情况**

资料来源：易观智库。

年提升了 26 倍，成为拉动保费增长的重要因素之一。进入 2015
年，互联网保险的发展势头有增无减，上半年实现保费收入 816
亿元，是上年同期的 2.6 倍，与 2014 年互联网保险全年总保费水
平接近，占行业总保费的比例上升至 4.7%，对全行业保费增长
的贡献率达到 14%。2015 年前三季度，互联网人身险保费首次突
破千亿元，实现累计年化规模保费 1181.9 亿元，同比增长高达
332.24%；累计互联网财产险保费收入 557.85 亿元，同比增长
61.45%；通过移动终端（APP、WAP 和微信等方式）实现保费
47.52 亿元，占比 8.52%，超过了保险公司与第三方网站合作的
业务保费规模。互联网保险的快速发展吸引了众多保险相关机构
的注意，一是传统保险公司如平安、泰康、华泰等纷纷加快互联
网转型；二是 IT 公司积极筹建互联网保险公司，如众安保险、安
心保险两家已获得批复成立的互联网保险公司都是由 IT 企业发
起；三是新兴创新公司不断涌现，如意时网、最惠保、OK 车
险等。

除了上面分析的移动支付、移动银行、移动保险外，2015 年
中国移动金融的其他细分领域都有较好的发展。移动证券/基金的
用户数翻了一番还多，根据 CNNIC 的统计，网民使用率达到
6.9%。移动理财渐成主流理财模式，用户数和交易额呈爆发式增
长。移动 P2P 网贷的平台数量、用户数量和交易额都在不断增长，
但问题平台也越来越多。众筹开始兴起，行业里开始出现结合微信
等移动工具、云服务等技术来发展众筹的尝试和做法。

中国移动金融在快速发展的同时，也存在不少问题和挑战，行
业乱象不断，大批平台跑路或提现困难，一些平台更是涉及非法经

营，被监管部门调查。截至 2015 年 12 月底，正常运营的 P2P 平台数量为 2595 家，只有累计数量的 67.3%，也就是说，超过 30% 的 P2P 平台已不存在或不能正常运营了。2015 年出现问题的 P2P 平台数高达 896 个，是 2014 年的 3 倍多（见图 20）。在所有的问题平台中，跑路的平台最多，数量几乎占一半；其次是出现提现困难，无法按时向投资人还本付息，这部分平台数占了 1/3 左右；另外，还有一些平台停止营业或涉嫌违法遭监管部门和公安机关调查。12 月 8 日，累计投资规模高达 750 亿元的 P2P 平台 "e 租宝" 因涉嫌违法经营活动被公安部门查封调查，引起了行业震动，也进一步揭露出了 P2P 行业中的乱象和问题。众筹平台的倒闭和跑路现象也呈现加剧态势，2015 年每月新上线平台数量在 6 月份达到高峰后开始逐渐下滑，倒闭和转型的众筹平台超过 40 家。也就是说，众筹在国内才诞生两年左右时间，就有超过 13% 的平台消失了。

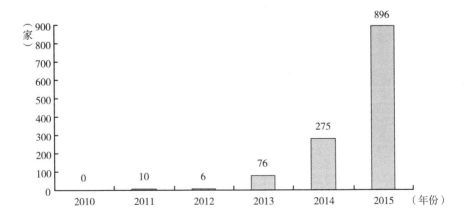

图 20　有问题的 P2P 平台数量增长情况

资料来源：网贷之家。

　　除了跑路、倒闭、涉嫌非法运营等问题外，移动金融发展还面临用户信息和隐私保护问题。网络信息安全形势本就十分严峻，而移动金融一方面在技术上还没有形成成熟的安全体系，尤其是先进的身份识别技术尚未成熟应用；另一方面移动金融应用中涉及大量用户的个人信息和个人隐私，存在数据安全和个人隐私泄漏隐患。

　　行业的健康规范发展需要法律政策的支撑和保障。2015 年以来，中国政府对互联网金融相关问题更加重视，陆续出台了一系列政策。7 月 18 日，中国人民银行等十部委联合印发了《关于促进互联网金融健康发展的指导意见》，首次明确了互联网金融的边界、业务规则和监管责任。之后，互联网保险、互联网支付、股权众筹和网络借贷等领域的监管规则和相关政策也相继出台。政策逐步出台和落实开启了移动金融的规范发展之门，但还需配套政策和各个细分领域监管细则尽快出台。同时，中国至今尚未颁布信息安全和个人隐私保护方面的法律，亟待加强相关立法。

五　移动金融将走向综合化垂直化场景化，技术创新和业务融合仍是重要驱动力量

　　互联网金融已成为常态。随着移动互联网的覆盖率不断提高和应用不断深化，在生物识别技术、可穿戴技术、大数据技术、物联网技术等新一代信息技术的推动下，移动金融将迎来高速发展期，并将成为互联网金融中的主流。

　　首先，随着行业竞争和整合加剧，移动金融将朝着横向综合化、纵向垂直化两个方向发展（见图 21）。横向综合化就是走平台

化发展模式，不断扩张和整合资源，构建完整生态体系。纵向垂直化就是针对细分领域和个性化需求对用户进行准确定位，打造专业化、精细化的移动金融平台，比如，面向某个行业提供融资服务的P2P平台，针对学生、蓝领或初入职场的白领们提供消费分期的消费金融平台等。

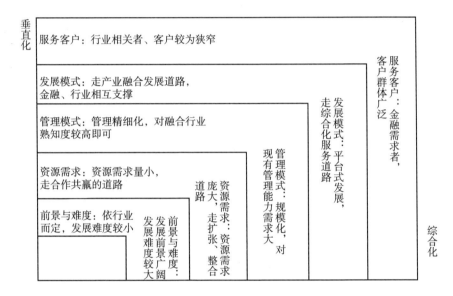

图 21　移动金融的两极化发展路径

资料来源：易观智库。

其次，移动金融将深入融入场景中，"场景化金融"将是移动金融的重要发展趋势。在移动互联网时代，用户的行为，包括社交、交易、支付等都将融入具体场景中，用户是因某种生活场景而自然而然地使用移动应用。因此，移动金融必将与生活场景相融合，为用户在各种生活场景下提供便利的金融服务。以 BAT 为代表的互联网企业利用在移动应用、O2O 等方面的基础，已在对移动金融的场景化进行积极布局。而金融机构和其他移动金融参与者也已经意识到了场景化的趋势，正在加快探索和尝试。未来随着线下应用场景的不断开发和移动支付技术的不断成熟，移动金融的服务和应用场景将加快增长，进而不断推动移动金融在各个领域的渗透。

再次，金融业务与移动互联网的融合将更加深入，移动金融将向产业金融渗透和发展。当前的移动金融主要体现在支付、个人理财、金融业务移动化等方面，在消费金融方面也获得一定程度的增长。未来几年，随着行业移动应用广泛普及和深化，以及企业交易和商务行为加快移动化，移动金融在产业金融领域将取得良好应用前景。

最后，技术融合和技术创新将为移动金融创新发展带来无限想象空间。目前许多新的信息技术在移动金融领域的应用还不充足，移动金融产品的开发和模式创新还较为初级，移动金融发展和普及的空间还很大。未来，随着云计算、物联网、大数据、社交网络、可穿戴设备等新一代信息技术不断成熟以及与移动金融有效融合，将驱动更多移动金融新产品、新模式和新业态产生，许多金融模式将发生革命性变化。随着生物识别技术的成熟和应用普及，移动金融的安全性和便利性将极大提升，而且通过与其他技术融合，有望催生出令人难以想象的产品和模式。

B.9
移动医疗行业领域不断细分，
市场规模巨大

周易江*

摘　要：　中国移动医疗产业尚处于市场启动阶段，具有巨大的市场空间，在未来三年将呈现爆发式增长。移动医疗主要包括面向医院医生的 B2B 模式和直接面向用户的 B2C 模式，国内的移动医疗 APP 已有 3000 多款，其中医药电商、移动问诊类占比最高。移动医疗与商业保险在欧美国家已有较成熟的合作模式，中国目前还处于起步阶段。移动互联网＋可穿戴设备开创全新"智慧医疗"时代，可穿戴医疗设备市场发展潜力巨大。腾讯、百度、阿里等互联网巨头依托巨额流量，与医疗机构合作布局移动医疗产业，行业竞争日趋白热化。

关键词：　医疗 APP　智慧医疗　保险　标准化

---

* 周易江，助理工程师，经济学硕士，主要研究方向为"互联网＋"产业政策研究等。

一 移动医疗市场处于启动阶段，发展潜力巨大

中国移动医疗产业尚处于市场启动阶段，具有巨大的市场规模，在未来三年将呈现爆发式增长。艾媒咨询数据显示，2015年我国国内移动医疗市场规模达到 45.5 亿元，同比增长54.2%，预计 2016 年中国移动医疗市场规模将达到 74.2 亿元（见图 1）。

图 1 2011～2017 年中国移动医疗市场规模及预测

资料来源：艾媒咨询。

二 移动医疗业态丰富，盈利模式不断拓宽

1. 移动医疗平台模式众多，满足不同用户需求

移动医疗主要包括面向医院医生的 B2B 模式和直接面向用户的 B2C 模式，国内的移动医疗 APP 已有 3000 多款，其中医药电

商、移动问诊类占比最高。移动医疗 APP 主要有以下六大类：（1）预约挂号平台，如微医、健康之路、就医 160 等；（2）门诊咨询平台，如春雨医生、易诊、好大夫在线等；（3）医药服务平台，如 1 药网、掌上药店、药品通等；（4）资讯文献平台，如丁香医生、医学时间等；（5）慢病辅助平台，如糖医生、微糖、U 糖等；（6）医疗信息化平台，如病历夹、杏仁医生、康康在线等（见图 2）。

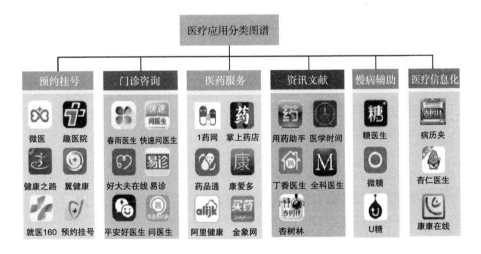

图 2　移动医疗应用分类

资料来源：Talking Data。

从用户对 APP 的功能需求上可看出，68.6% 的移动医疗用户认为预约挂号是首要需求，56.1% 的用户希望移动医疗搭建在线平台，助力医患交流（见图 3）。移动互联网技术的发展，提高了医疗资源便利性，提升了用户的使用效率。同时，用户也对移动医疗提出了更高的要求，需求类型增加（见图 4）。

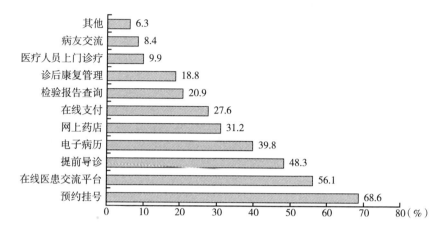

图3　移动医疗用户功能需求类型分布

资料来源：艾媒咨询。

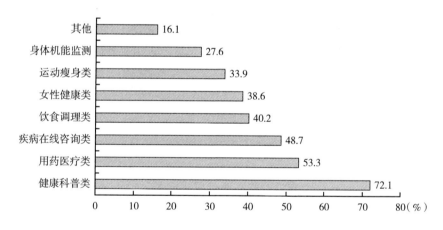

图4　移动医疗用户服务需求类型分布

资料来源：艾媒咨询。

2.医药电商与互联网公司合作，将迎爆发式增长

部分互联网公司缺乏第三方互联网药品交易平台资质，与缺少流量入口的药品电商联手发展互联网医药是必然趋势。相关法律法规规定，向个人消费者提供互联网药品交易服务的企业必须

是依法设立的药品连锁零售企业，企业从事网上药品交易服务必须取得"互联网药品交易服务资格证书"。随着处方药电子商务销售和监管模式的发展，互联网医药必将发展为以移动终端（如智能手机等）为入口、以大流量的互联网为平台的高效率低成本方式。此外，医药 B2C/B2B 的发展进一步推动了医药分离，互联网拓宽了药品销售的渠道，医药电商有望迎来爆发式增长（见图 5）。

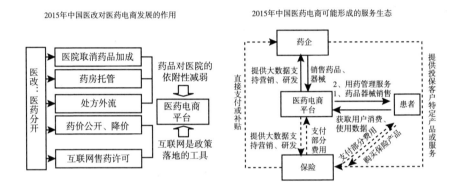

图 5　中国医药电商服务生态

注：（1）其中处方外流在政策上明确，但实际操作将遇到较大阻力；（2）有部分试点城市已可以支付医药电商购药费用；（3）虚线部分表示未来可能实现的服务。

资料来源：艾瑞咨询。

3. 商业保险角色丰富，跨界连接医疗互联网

移动医疗与商业保险在欧美国家已有较成熟的合作模式，中国目前还处于起步阶段，正在探索多种合作模式。美国部分健康保险公司免费提供可穿戴医疗设备，获取设备采集的用户健康数据，以此为依据对相关保费进行调整。欧洲部分保险公司赠送手环类等可穿戴设备给用户，通过让用户实时监控自身身体状况，

提前预防，降低用药、手术的概率，从而减少赔付的成本。2015年4月10日，阿里健康与信诚人寿开展战略合作，信诚人寿成为阿里健康云医院平台接入的首家商业保险，开创全国首例互联网医药与商保合作模式。阿里健康和信诚人寿利用双方的保险风控等资源，开展医疗费用的监督控制和评价工作。用户可以通过阿里健康 APP 查询合适的商业健康险产品并进行购买，通过阿里健康平台上的金融合作伙伴实现商保实时脱卡支付结算。与此同时，泰康在线、大都会人寿、阳光财险、平安保险等商业保险公司也积极向移动医疗靠拢，平安保险公司已经推出了自己的医疗APP（见表1）。目前来看，国内的商业保险公司在移动医疗领域的发展还处于起步阶段，应用模式局限于将互联网医疗作为保险产品的销售渠道以及提高用户忠诚度的手段，未来发展空间巨大。

表 1　国内外商业保险 + 移动医疗合作案例汇总

地区	商保 + 移动医疗	具体模式
美国	UnitedHealth + CardioNet	与心脏检测服务提供商 CaridoNet 签订协议,为其超过 7000 万的医保客户购买大批产品服务,推出具有运动和健康跟踪系统功能的 Health4Me 移动应用程序
美国	Oscar	为用户提供易于理解的医疗健康计划,并提供远程健康的功能。一键远程服务保证私人医生在 7 分钟之内接入
	GIGHA + 三星 S Health	通过三星 S Health 应用软件发布跟健康相关的建议和文章。将个人和护理人员、医生、医院整合起来,助力全球医疗和健康水平的提高
	Wellpoint + IBN Watson	通过运用 IBM 的超级计算机"Watson"帮助医生来针对病人的病情进行诊断,服务 7000 万人

续表

地区	商保＋移动医疗	具体模式
中国	泰康在线＋咕咚网	开启了互动式保险服务，用户通过分享自己的运动数据和体验，即可享受个性化的保险服务或价格优惠
	大都会人寿＋乐动力	用户可以凭运动获得的乐动力积分来换取大都会的"出行保"和"运动外险"
	平安健康管家	推出健康医疗APP"平安健康管家"，包括问疾病、看名医、逛社区、收资讯以及测健康五个模块
	阳光财险＋天猫医药	开辟全程在线医疗模式，用户可24小时不间断地向医疗专家进行电话咨询，根据医生建议在天猫医药馆购买药品，确认收货后由保险公司无条件直接赔付药款

资料来源：由工业和信息化部电子科学技术情报研究所整理。

4. 移动互联网＋可穿戴设备，打造"智慧医疗"

移动互联网＋可穿戴设备带来全新的"智慧医疗"时代，可穿戴医疗设备潜力巨大。市场上智能可穿戴设备日渐增多（见图6），在消费者中也日渐普及，随着 Apple Watch 的正式上市，

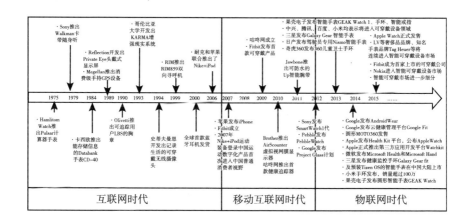

图6 智能可穿戴设备发布时间轴

资料来源：易观国际。

2015 年中国智能可穿戴设备市场规模已达到 125.8 亿元，预计 2016 年在 197.9 亿元以上（见图 7）。

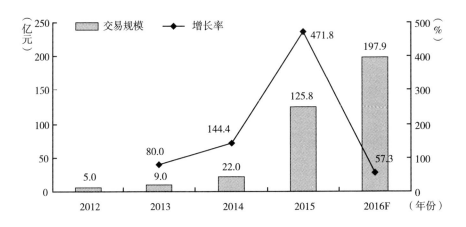

图 7　中国智能可穿戴设备市场交易规模预测

资料来源：由工业和信息化部电子科学技术情报研究所整理。

可穿戴设备助力慢病管理。瑞士公司 Soreon 研究预测，通过在医院运用可穿戴设备进行监测，到 2020 年可帮助挽救 130 万人的生命。

三　BAT 积极布局移动医疗，行业竞争白热化

2011 年起，百度、阿里、腾讯等互联网巨头依托巨额流量，与医疗机构合作，布局移动医疗行业。2015 年，行业竞争日趋白热化（见图 8）。

百度密集签约公立医院，全面发力北上广地区的医疗服务，利用在移动互联、搜索、大数据等方面的优势，为患者、医生、医院

图 8　BAT 的移动医疗布局

资料来源：易观智库。

实现高效精准对接，打造医患双选平台，形成百度医生三大闭环。百度八大自有医疗板块的关注点为医生和患者以及两者之间的联系，百度医生专注挂号，拇指医生用于医患交流，百度健康旨在提供搜索医院、咨询医生、预约就诊、诊后反馈等一整套寻医问药解决方案，百度医学、百度医图专供医生使用，前者可搜索专业医学信息，后者则可传递医疗影像；百度医疗大脑和百度智能健康设备平台是独立的单元，医疗大脑可以让机器学习医生的看诊行为，属于人工智能，健康设备平台可连接智能医疗硬件，收集医疗数据（见表2）。

阿里的三大布局为未来医院、天猫医药、阿里健康。阿里利用在移动支付方面的优势，打通 B2B/B2C 的交流渠道，加强在线医疗领域的 O2O 应用。阿里未来医院依托支付宝，其具体模式分为

表2 百度自有移动医疗布局

类别	功能	备注
百度医疗大脑	机器通过学习用于问诊和健康管理	完善中,数据和人工智能有待发展
百度医生	连接医患	挂号平台
拇指医生	医疗健康咨询	移动端的医患连接
百度健康	为患者提供医院、医生、预约、药品、反馈等	就医全流程均有涉及
百度医图	医生间的医疗影像分享	—
百度医学	医生的专业信息检索	正在推出 APP 版
Dulife	接入健康医疗设备、收集监测数据	目前存在手环、血压仪、体质测量仪
百度直达号	医院、医生、患者、药品的直达	微信公众号

资料来源:新浪科技。

两期实现:第一期为自费患者提供线上挂号、缴费、获取检查报告等服务;第二期接入医保结算,使用支付宝钱包付费的患者在离开医院之前,可以去医院的自助终端分解医保费用,完成分解之后,医保费用将退回患者的支付宝账户。阿里计划,未来患者在医院挂号、就诊、支付、后续治疗和康复、病例保存等都通过支付宝钱包完成,利用信息化手段优化现有的就医流程,医院所涉及的医疗数据都将进入阿里云平台。截至2015年底,阿里未来医院与全国主要城市的近50家三甲医院达成合作意向(见图9)。

天猫医药馆是天猫商城的核心购物平台之一,汇集了经过国家审批的 OTC 药品、医疗器械、计生用品、隐形眼镜、品牌保健品、传统滋补品等安全服务项目。国家出台《互联网食品药品经营监督管理办法征求意见稿》后,天猫医药馆推出了处方药预订服务,

图9 阿里未来医院模式简析

资料来源：智能健康界。

试图在政策落地之前抢先占领市场。

阿里健康旗下包括：面向医院诊所及执证医师的阿里健康云医院平台；面向消费者和药店的阿里健康移动 APP；着力于打通药品流通渠道的健康云平台；对医药企业及医疗机构等进行全面审核监管的电子监管平台（见图10）。

图10 阿里健康布局简析

资料来源：智能健康界。

腾讯采取了软硬件、移动端及 PC 端全覆盖的方式，充分利用微信超级 APP 优势，与挂号网以及丁香园合作，推出微信智慧医院。微信智慧医院以“公众号 + 微信支付”为基础，通过微信的移动电商入口，用于优化医生、医院、患者以及医疗设备之间的连接能力。微信智慧医院的全流程包括：微信预约挂号及候诊提醒；微信导航（诊疗室和化验室之间的有效指引）；微信支付医疗费用，电子检验报告实时送达；离开医院后的医嘱提醒等（见图 11）。截至目前，全国已经有近 100 家医院上线微信全流程就诊，支持微信挂号的医院已经超过 1200 家。在智能设备和垂直搜索方面，腾讯同样也有着如“糖大夫”智能血糖仪、微信城市服务等相关部署。

行业痛点	VS	微信智慧医院
医疗号源无处查，挂号排队难	VS	微信挂号，候诊提醒
看诊缴费、取报告诊疗流程重复排队	VS	微信支付诊间费用，电子报告微信实时送达
看诊过程得不到有效指引	VS	微信导航
医院、专家停诊等临时消息无法得知	VS	微信即时通知推送
缴费单据收纳麻烦，退费无通知	VS	票据电子化，微信即时通知

图 11　微信智慧医院解决方案

资料来源：虎嗅网。

四 医院开展移动医疗改革，促进信息化与标准化

各医院积极开展移动医疗改革，将移动互联网技术应用到挂号、诊疗、办公等环节中（见图12）。

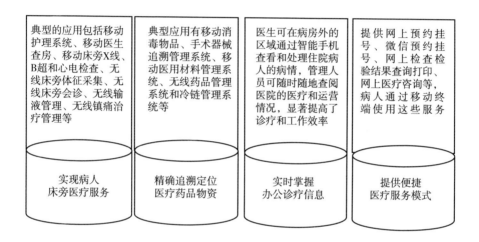

典型的应用包括移动护理系统、移动医生查房、移动床旁X线、B超和心电检查、无线床旁体征采集、无线床旁会诊、无线输液管理、无线镇痛治疗管理等	典型应用有移动消毒物品、手术器械追溯管理系统、移动医用材料管理系统、无线药品管理系统和冷链管理系统等	医生可在病房外的区域通过智能手机查看和处理住院病人的病情，管理人员可随时随地查阅医院的医疗和运营情况，显著提高了诊疗和工作效率	提供网上预约挂号、微信预约挂号、网上检查检验结果查询打印、网上医疗咨询等，病人通过移动终端使用这些服务
实现病人床旁医疗服务	精确追溯定位医疗药品物资	实时掌握办公诊疗信息	提供便捷医疗服务模式

图12 移动医疗在医院的应用

资料来源：由工业和信息化部电子科学技术情报研究所整理。

目前，医院各业务的信息化程度不同。其中，包括门急诊划价收费系统、门急诊挂号系统、药库管理系统以及住院药房管理系统等在内的行政管理系统的信息化渗透率在60%～70%。而影响患者满意度体验的医疗服务流程（预约挂号系统、门诊导医系统、自助服务系统、客户关系管理系统）由于不属于医疗核心流程，其信息化渗透率低于50%（见图13）。因此，通过优化医疗服务流程提升患者体验是互联网企业切入医疗体系比较好的角度，未来医疗服务流程可能通过医院与互联网公司的合作实现优化。互联网企

业将导诊、分诊等就医流程优化作为突破点,自行或联手医疗机构全面参与医疗信息化(见图 14)。

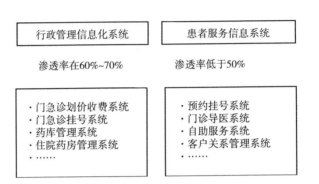

图 13 医院各业务的信息化程度

资料来源:艾瑞咨询。

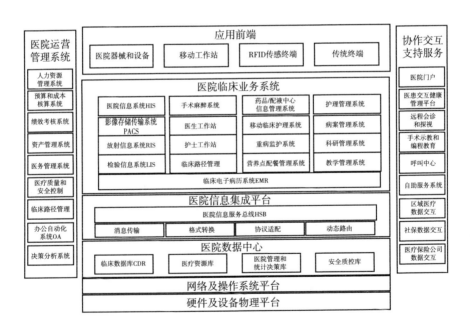

图 14 大型医院医疗信息系统举例

资料来源:钛媒体。

目前，国内仅有3%的医院实现数据的互通，大部分实现临床管理信息化的医院数据尚未打通。各医院建立了自身的电子病历以及医疗信息管理体系，由于使用的信息管理软件大多由不同企业开发，这些电子病历以及医疗信息管理体系缺乏统一架构的信息标准和数据库，医院间的信息无法共享，造成"信息孤岛"效应，难以发挥互联互通的效力。为突破阻碍移动医疗发展的瓶颈，就要进行标准化改革，IT技术和健康事业的衔接，必须以标准化为基础。

医疗信息化和标准化的下一步是基础信息整合与共享。目前，作为倡导者的政府推动效率有限，作为使用者的医院由于直接共享本医院信息会导致利益损失而推动意愿不强，作为实施者的传统IT厂商不具备打通资源的能力，因而需要互联网公司或保险公司这样的第三方介入打破僵局。互联网公司可利用互联网手段帮助医院间实现信息化，自身则获得用户，并通过互联实现盈利；而保险公司希望推动医疗信息化，在信息化过程中积累数据，再通过数据模式优化保险产品（见图15）。

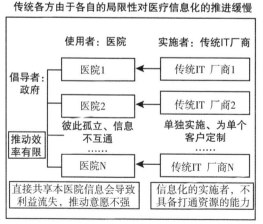

图15 移动"互联网+"助推医疗改革

资料来源：艾瑞咨询。

B.10
在线教育逐渐向移动端转化，移动教育增长加快

修松博*

摘　要：　从全球整体趋势来看，在线教育近两年呈快速增长的趋势；就地区的投资表现来看，中国、印度和巴西表现最为显眼。随着移动互联网的发展和大数据的深化应用，我国移动教育市场增速较快，移动端用户迅速增长，正在赶超 PC 端用户。据中国互联网络信息中心（CNNIC）数据显示，2015 年手机端教育用户规模达 5303 万，占手机网民的 8.6%。在利益和刚需的刺激下，中小学教育（K12）引起了多方的关注，成为投资热门领域。随着百度、腾讯、网易等互联网巨头争先抢滩移动教育市场，竞争格局垂直化趋势加剧。此外，由于移动教育产品同质化严重，打造优质教育内容成为行业竞争的核心。总之，尽管我国移动教育增长较快，但还处于发展初期，普及还需要较长时间。

关键词：　移动教育　在线教育　K12　MOOC

---

* 修松博，工程师，文学学士，主要研究方向为"互联网＋"产业政策研究。

一 我国移动教育市场增速加快，市场潜力巨大

2015 年，在线教育市场稳步发展。艾媒咨询数据显示，2015 年我国在线教育市场规模达 1711 亿元，同比增长 35.4%，预计 2016 年将达 2260 亿元（见图 1）。随着大数据的发展和"互联网＋"的渗透影响，在线教育将加快速度，并逐渐朝移动端发展。2015 年中国移动教育市场规模达 14.3 亿元，预计 2016 年将达 21.6 亿元（见图 2）。

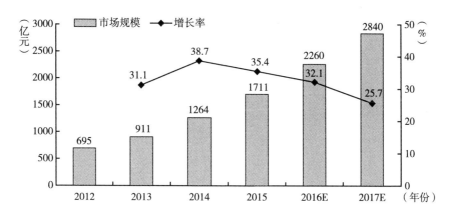

图 1　2012～2017 年中国在线教育市场规模及预测

资料来源：艾媒咨询。

我国移动教育持续升温。移动智能终端的普及和移动基础网络的不断完善，为移动教育的发展提供了技术条件。而传统教育企业和互联网巨头加快展开在线教育领域的布局，引来了各路资本抢滩市场。此外，国务院、教育部等相继出台多项重

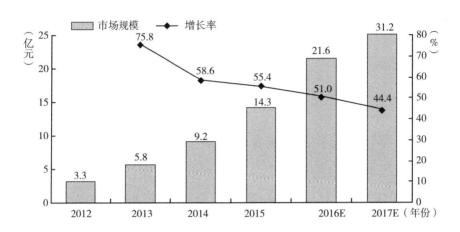

图2　2012~2017年中国移动教育市场规模及预测

资料来源：艾媒咨询。

量级政策，持续刺激教育产业相关领域，推进教育信息化的发展（见表1）。

表1　2015年国家推进教育信息化的相关政策文件

时间	文件	内容解读
2015年2月	教育部《2015年教育信息化工作要点》	提出基本完成全国中小学互联网接入，基本实现每校至少拥有1套多媒体教学设备；加快推进职业院校数字校园建设；进一步加强在线开放课程建设应用与管理；大幅提升师生网络学习空间应用覆盖面等
2015年3月	国务院《政府工作报告》	随着"互联网+"概念上升为国家战略，在线教育站在了起飞的风口上，市场潜力巨大
2015年4月	中央深改组审议通过《乡村教师支持计划（2015~2020年）》	借力"互联网+"打造中国中小学智慧教育平台，以期实现教育公平

时间	文件	内容解读
2015 年 4 月	教育部《关于加强高等学校在线开放课程建设应用与管理的意见》	加强高校在线开放课程建设应用与管理，支持中国特色 MOOC 建设；2017 年前认定 1000 余门国家精品在线开放课程。到 2020 年，认定 3000 余门国家精品在线开放课程
2015 年 7 月	《国务院关于积极推进"互联网＋"行动的指导意见》	大力发展基于互联网的医疗、教育等新兴服务

资料来源：由工业和信息化部电子科学技术情报研究所整理。

移动教育逐渐向二、三线城市渗透。随着移动互联网的发展和普及应用，优质教育资源分布不均的现象有所缓解，用户的学习需求在一定程度上得以满足。艾媒咨询数据显示，一线城市已不再是主力市场，移动教育在二、三线城市的消费能力增长迅速，移动教育用户占比赶超一线城市。此外，用户在移动教育产品上的付费意愿更高，51.2%的用户愿意消费的金额为 10 ~ 100 元，36.6% 的用户愿意消费 100 ~ 500 元。

二 移动教育在中小学的渗透率越来越高，K12 或成为爆发点

随着用户教育理念的不断变化和移动互联网普及度的提升，移动教育在中小学的渗透率越来越高。艾媒咨询数据显示，在移动教育应用中，语言学习类和中小学教育（K12）类应用占比最高，其次是职业技能培训类和学习辅助工具类，早教和高等教育类应用由于受众年龄的限制，产品数量较少（见图 3）。

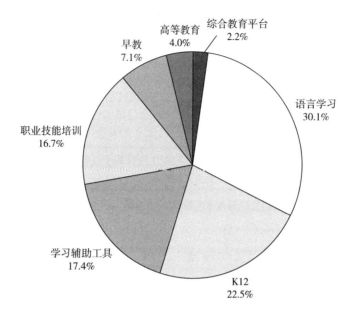

图3 2015年中国移动教育应用细分领域情况

资料来源：艾媒咨询。

K12发展增速最快，用户使用率最高。艾媒咨询数据显示，2015年中国K12教育市场规模约达359.2亿元，增长率为30.6%。预计到2018年，K12市场规模将超过高等学历教育和职业教育。

K12用户使用率达37.7%，职业技能培训和职业考试紧随其后（见图4），这些领域巨大的用户需求市场和广阔发展前景受到了资本的高度关注。2015年，K12以总投融8亿多美元强势占据榜首位置，语言学习和考试培训紧随其后，早教领域也开始受到资本重视，出国留学市场进一步扩大。

K12教育产品同质化严重，精品化是未来的竞争趋势。K12应用致力于通过拍照、文字搜索等方式解决中小学生作业中遇到的问题，市场同类产品众多，以作业帮、作业通、学习宝、小猿搜题、

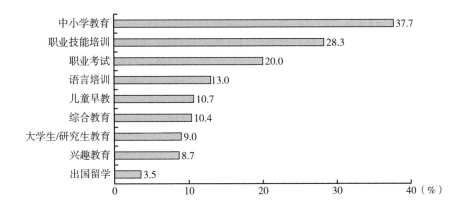

图4　2015年在线教育各领域用户使用率

资料来源：CNNIC。

学霸君为代表的教育产品间竞争更是如火如荼，因此，精品化产品内容将是未来移动教育应用的竞争走势。

三　互联网巨头布局移动教育生态圈，创业企业难生存

各路资本争先抢滩移动教育市场，竞争格局垂直化趋势加剧。传统的教育培训机构、大型互联网企业、垂直领域的创业企业，都开始向移动教育产品发力。新东方、微课网、猿题库等重点发力APP在线服务，其中猿题库大力推广新品小猿搜题，微课网推出了微客圈。百度、腾讯等互联网巨头持续通过并购或者入股的方式融合更多垂直教育企业，布局各自的教育生态圈。如腾讯投资疯狂老师，百度拆分作业帮。同时积极发展自己的线上教育，比如腾讯课堂、百度教育等。2015年在线教育朝着盈利模式多元化、教育产

品个性化的方向发展。

尽管许多大型教育机构都在研发移动端，但更多的是把其作为线下或线上产品的一种延伸。而创业企业受制于用户群和硬件等因素的影响遭遇发展瓶颈。从 2014 年开始，资本持续进入教育领域，O2O 类应用受到资本较高关注。整个行业在资本的大量涌入以及创业者盲目进入的情况下已经进入泡沫期。由于商业模式和盈利路径尚未摸清，2015 年 O2O 企业大面积倒闭，资本市场热度趋冷。其主要原因，一方面，BAT 和传统大型教育巨头继续飞速发展，布局各自教育生态圈，使得小企业难发展；另一方面，创业者盲目乐观，没有足够的现金流支撑，导致资金链条断裂，产品做得不深。此外，目前在线教育同质类产品颇多，最大壁垒是缺少优质的教育内容，难以维持用户黏度。

四 移动教育产品争相竞技，优质教育内容成核心竞争力

2015 年移动教育迎来发展拐点。众多移动教育产品争相竞技，探索互联网教育的独特模式。移动教育用户更注重学习的有效性和高效性，因此平台类产品与工具应用类产品以其线上线下资源整合能力与优质的学习内容，占据移动教育市场（见图 5）。

移动 APP 逐渐成为主流模式。随着移动智能终端的普及和移动数据网络基础的不断完善，以及用户多样化的个性需求，移动APP 成为平台和创业者的重要发力点，并逐渐成为主流应用。其更大程度地利用了用户的碎片化时间，也有利于在线教育服务提供商

图5 2015年中国移动教育行业图谱

资料来源：艾媒咨询。

推出更加多样化的产品。根据艾媒咨询发布的《2015～2016 中国移动教育市场研究报告》，2015 年最受用户欢迎的移动教育 APP 排行榜见表2。

表2 2015年度中国移动教育类APP排行榜

排名	APP 名称		排名	APP 名称	
1		有道词典	7		学霸君
2		驾考宝典	8		猿题库
3		小猿搜题	9		超级课程表
4		百度作业帮	10		百词斩
5		金山词霸	11		掌中英语
6		驾校一点通	12		课程格子

资料来源：艾媒咨询。

　　用户更注重产品体验。目前移动教育仍面临着诸多痛点，"对在线教育产品不了解"是阻碍用户接触移动教育产品的首要因素。除了社交媒体、网络搜索、门户网站及应用市场等渠道推荐外，用户试用体验是其确认移动教育产品权威性的主要方式。根据艾媒咨询统计数据，移动教育用户更看重内容丰富权威、更新快和学习指导详细的教育产品（见图6）。此外，绝大多数用户使用某个移动教育产品的最长时间不超过6个月，而停止使用主要原因是产品无法满足自身需求、体验不佳、产品占内存/耗流量以及发现更好用的同类产品等。因此，满足用户个性化需求和提供优质的用户体验是移动教育产品的核心竞争力，也是保证用户黏性，增强品牌竞争力和影响力的最重要因素。当前移动教育产品的教学内容质量参差不齐，且同质化严重，为用户提供真正有价值、高质量的教育内容是移动教育产品赢得用户的关键。

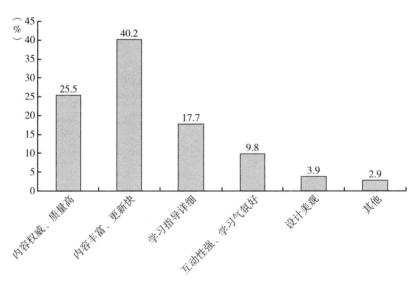

图6　移动教育产品各特征用户占比

资料来源：艾媒咨询。

五　高校 MOOC 平台兴起，带动移动
教育用户增长

近年来，大型开放式网络课称 MOOC（慕课）作为一种新型网络学习模式对移动教育产生了巨大影响。随着美国 Coursera、Udacity、edX 三大 MOOC 平台的兴起，英国、新加坡和中国也在积极布局市场，并开展国际战略合作，共同探索 MOOC 商业模式的发展。MOOC 平台不断增长的注册用户数量和课程完成率，足以体现该市场的巨大发展潜力。ClassCentral（免费在线课程聚合社区）数据显示，2015 年 MOOC 的注册学生人数达 3500 万，较 2014 年的 1700 万翻了一番（见图 7）。

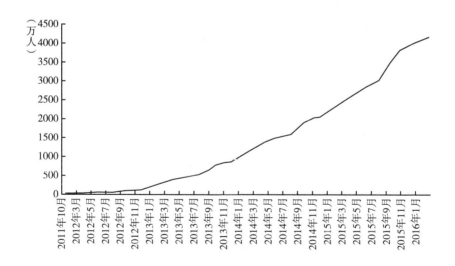

图 7　MOOC 平台学生注册数量

资料来源：ClassCentral。

153

MOOC 模式在国内高校逐渐渗透，带动了移动教育用户增长。以网易公开课、学堂在线为代表的国内开放课程，注重移动终端应用的研发和服务保障。目前，网易公开课已引入很多国外课程，学堂在线也与 EDX 开展合作。2015 年 4 月，教育部出台了《关于加强高等学校在线开放课程建设应用与管理的意见》，推动我国大规模在线开放课程建设走上"高校主体、政府支持、社会参与"的良性发展道路。在教育部的积极引导下，清华大学"学堂在线"、上海交通大学"好大学在线"以及多个高校、互联网企业开发的各种类型大规模在线开放课程平台也纷纷上线，将国内精品高等教育课程免费开放，带动了移动教育用户规模的持续增长。

国内外企业积极开展战略合作，共同探索 MOOC 商业化发展。Coursera 是全球最大的开放式在线教育平台，全球范围内有 1700 万注册学习者，其中中国用户超过 100 万。此外，据 Coursera 2015 年发布的调查报告显示，完成在线课程的近 80% 的中国学习者表示慕课让他们在职场和学业中受益（见图 8）。中国已成为 Coursera 学生数量增长最快的地区，同时也是仅次于美国本土市场的全球第二大市场。

随着移动教育的普及和推广，MOOC 模式在职业和学业教育领域逐渐渗透，国内果壳网的 MOOC 学院和新东方的高校 MOOC 平台都在致力于成为华语最有影响力的在线学习平台。目前，Coursera 已与果壳网、新东方等科技和教育企业达成战略共识，并在校企推广、中国用户体验优化和 MOOC 合作新模式等层面上进行系列合作。

Coursera中国学习者的学习成果报告

在首个关于在线公开课程的学习成果调查中，
78%和80%的中国学习者分别报告他们在职业和学业方面获得的收益

在职人士

53%的中国学习者正在寻求职业发展

90%
的在职人士表示获益

57%
能够更好地胜任目前的工作

33%
提升了应聘新工作的竞争力

7%
获得了晋升

1%
获得了加薪

34%
找到了新工作

5%
开始了新事业

40%
获得了切实的职业收益

教育寻求者

95%的中国学习者正在寻求教育深造

95%
的教育寻求者表示获益

71%
获得了某一研究领域的必备知识

50%
确定了个人研究方向

20%
提升了申请大学时的成功率

33%
得以在重返校园时复习相关知识

28%
获得了学分或免修预科的资格

28%
获得了切实的学业收益

与全球数据相比，更高比例的中国线上学习者表明
在线课程帮助他们找到了新工作

26% 全球学习者　　34% 中国学习者

在Coursera前十个国家中，
中国的线上学习者表示获得教育层面收益的比例最高

88% 全球学习者　　95% 中国学习者

图8　中国学习者的学习成果报告

资料来源：Coursera。

热　点　篇

Reports on Hot Issues

B.11

年度十大热点事件

孙　璐[*]

　　2015 年，全球移动互联网产业竞争更加激烈，公众对移动互联网行业的关注持续上升。本书在对该领域的政策、产品、技术等方面的重要事件进行分析和比较的基础上，选取了 2015 年该领域影响重大的十大热点事件（见表1）。

---

　　[*] 孙璐，助理工程师，理学硕士，主要研究方向为大数据。

表1　2015 年度移动互联网领域十大热点事件

排名	事件	入选理由	影响力指数
1	习近平主席出席第二届世界互联网大会并发表讲话	多位国家领导人及国际组织负责人参加本届大会,标志着我国在全球互联网领域的影响力日益凸显	★★★★★
2	国家陆续发布多个战略文件,凸显"移动互联网"应用	国务院发文推进互联网与各产业的深度融合,细化指导移动互联网在经济社会各领域的推进工作	★★★★★
3	2015 年国内外行业龙头整合加速	2015 年国内垂直行业互联网巨擘为达到规模效应进行大规模并购整合,国外互联网巨头则通过收购行为达到整合技术能力的效果	★★★★★
4	"宽带中国"战略全面推动,4G 网络加速普及	移动网络提速降费,促进移动互联网趋于常态化	★★★★★
5	苹果公司首款可穿戴设备 Apple Watch 上线	苹果公司涉足可穿戴式移动终端,产品设计体现了世界移动互联网终端未来的发展趋势	★★★★☆
6	阿里巴巴 YunOS 5.0 发布,促进国产智能手机完整软件生态形成	2015 年 YunOS 已成为国内第三大手机操作系统,减轻 Google Play 重返中国对中国手机厂商及移动应用供应商的冲击	★★★★☆
7	阿里巴巴发展跨境电商,电商业务进入全球化时代	2015 年中国成为第一大网络零售市场,阿里巴巴等电商平台开始布局跨境电商,标志中国互联网企业国际化趋势	★★★★☆
8	微信引领抢红包热潮,支付宝积极应对	从中国特色网络关系出发,创新移动互联网应用,抢占移动支付市场份额	★★★☆☆
9	三星支付、苹果支付拓展国际业务,进驻中国市场	苹果支付、三星支付上线美国取得成功,并迅速拓展中国等国家和地区的业务,体现了市场对更安全便捷的移动支付方式的需求	★★★☆☆
10	三星研制出可穿戴设备芯片 Bio Processor,可穿戴设备产业快速发展	专门针对可穿戴移动设备的高性能芯片,有望进一步推动可穿戴设备的发展	★★★☆☆

资料来源:工业和信息化部电子科学技术情报研究所。

一　习近平主席出席第二届世界
互联网大会并发表讲话

2015 年 12 月 16 ~ 18 日，第二届世界互联网大会（World Internet Conference）再次在江南水乡乌镇召开。大会由中国国家互联网信息办公室及浙江省人民政府共同主办，主题为"互联互通·共享共治——构建网络空间命运共同体"。国家主席习近平出席大会并针对网络安全、网络主权、网络管理和网络开放进行了讲话。此外，8 个国家领导人、20 多个重要国际组织负责人、近 50 位外国部长级官员以及 600 多位互联网企业领军人物参与了本次大会。

习近平主席在第二届世界互联网大会开幕式上发表主旨讲话，强调各国应加强合作，建设网络空间命运共同体，构建互联互通、共享共治的网络安全体系，打击网络监听、网络攻击、网络恐怖主义等各种侵害个人隐私、侵犯知识产权的犯罪行为，让网络惠及包括中国 13 亿人口在内的各国人民。讲话得到了各界人士的认同，俄总理梅德韦杰夫会上发表演讲呼应习近平主席对上述问题的主张。

相比第一届世界互联网大会，本届大会范围更加广泛，更具有国际影响力。包括各国政府政要、国际组织负责人、企业领军人物、科技专家学者和民间团体代表在内的 2000 多位来自 120 多个国家和地区的嘉宾参与大会。会议设置 10 个论坛 22 个议题，涉及数字经济共享、基础设施建设、网络安全与治理、互联网创新发展与技术标准等热点问题，为高层领导人、企业领袖和大学生们开展对话活动，搭建了多种交流平台。本届大会新增"互联网之光"

博览会，充分展示了全球互联网前沿技术，彰显了中国对推动世界互联网未来发展方向的影响力。欧美、亚太、拉美地区的 260 多家企业参展并展出最新成果，其中包括百度无人车、诺基亚虚拟现实摄像平台和沃尔沃智能互联汽车等。

二　国家陆续发布多个战略文件，
凸显"移动互联网"应用

2015 年，国务院为推进互联网创新成果与经济社会各领域的融合，召开常务会议并多次发文提出深化移动互联网在社会及商业各领域的推动作用，细化指导其在教育、农村建设、智能平台等方面的应用，并对移动互联网监管体系提出发展意见，对我国移动互联网发展产生全局性影响。

2015 年 7 月 4 日，为顺应近年来互联网技术应用于各领域的积极进展，国务院发文《国务院关于积极推进"互联网 +"行动的指导意见》（以下简称《指导意见》），旨在进一步促进深度跨界融合、推进传统企业运用互联网创新成果。我国移动互联网应用多集中于消费领域，国务院此次发文激发互联网产业创新活力、深化机制体制改革和增强传统产业应用互联网技术的意识与能力，加大中国互联网应用优势与规模优势在生产领域的作用，推进移动互联网应用于经济社会各领域，尤其是与农业生产经营、金融机构服务、政府公共服务体系、在线医疗卫生服务、养老服务机构的深度融合。此次发文立足发展实践，明确了互联网与传统产业发展融合的重要领域。《指导意见》牵引制作产业向智能工厂方向发展，着力于工业软件、工控系统等核心环节；现代农业向物联网应用发展，着力于模式网络化、智能化、精细化；能源产业向能源互联网发展，着力于系统扁平化、监测智能化；金融机构向服务云平台发展，着力于拓展互联网金融深度与广度；交通运输向资源在线集成发展，着力于推广物联网技术，提高资源在线化水平；政府服务向网络化管理发展，着力于推动公共数据开放，构建一体化在线服务体系。

2015年9月29日，为加快移动互联网等信息技术应用于生活服务，国务院发文《关于推进线上线下互动加快商贸流通创新发展转型升级的意见》，首次对线上线下电子商务（O2O）发文支持，并提出注重移动互联网技术创新，推广移动互联网在零售业、批发业、物流业等不同行业认证、交易、支付、物流等商务环节的应用。此次发文被北商研究院列为"北京品牌十大新闻事件"，体现公众对移动互联网的持续关注度。面对电子商务迅猛发展，实体商贸遭遇困境，国务院此次发文推动传统实体商业积极转型O2O商业模式；支持已有线上线下企业加速技术应用创新；提议国家、地方政府及相关部门完善政策体系措施，激励市场体系改革，推进市场现代化、智能化和统一化进程。O2O市场规模仅2015年上半年就已达到3049.4亿元，同比增长80%。随着企业产品服务技术的创新、政府管理部门政策扶持的推进，线上线下商业模式的转型将在各行业持续进行。

为全面贯彻党中央、国务院的决策部署，针对互联网在细化领域的应用，国务院发文《国务院关于大力发展电子商务加快培育经济新动力的意见》，利用移动互联网等信息技术，推动转型升级,促成统一、安全、有序、规范的电子商务大市场。农业部、发改委、商务部出台《推进农业电子商务发展行动计划》,积极推动农业农村信息化,改善农村居民生活水平。中央十部委联合发布《关于促进互联网金融健康发展的指导意见》,针对支付、贷款、众筹等多个互联网金融范畴,落实监管分工,明确监管责任。

三 2015年国内外行业龙头整合加速

2015 年,中国垂直互联网行业整合加速。2015 年 2 月 14 日,打车平台滴滴打车与快的打车以 100% 换股方式完成战略合并,开启中国移动互联网强强整合的一年。4 月 17 日,大型分类信息生活服务平台 58 同城与赶集网宣布合并,58 同城以现金加股票的方式获得赶集网 43.2% 的股权,两者等比例注资独立新公司 58 赶集。5 月 22 日,中国最大在线旅游票务公司携程以 4 亿美元投资同类第三大公司艺龙,持有其 37.6% 的股权。仅五个月后,携程、百度于 10 月 26 日达成股票置换协议,携程替代百度成为去哪儿网股东,完成与同行业第二大平台的合并。10 月 8 日,团购网站美团与餐饮信息交易平台大众点评以 5:5 比例换股合并。12 月 7 日,两大在线婚恋交友平台世纪佳缘与百合网达成协议,百合网子公司将对价收购世纪佳缘,并将与 2016 年 4 月 30 日前完成整合。

2015 年是国内垂直互联网合并年,在资本压力下,互联网企业为了减少竞争压力、降低损耗、共享商业资源纷纷合并,随后市场份额、市值或估值都得到提升,成为行业巨头。滴滴与快的合并后接单总量为 Uber 的近 3 倍，占中国市场份额的 83%。美团和大众点评在团购市场的份额也超过 85%。根据 2014 年数据推断，携程、去哪儿、艺龙的总市场份额将为在线酒店预订市场的 3/4，世纪佳缘、百合网或占婚恋交友市场份额的 40% 以上。携程、百度宣布股票置换协议后，携程、去哪儿、百度股价分别上涨 22%、25% 和 8%，达到近期最高点。

不同于国内移动互联网为达到规模效应，主要集中于整合相同业务，2015 年国外大型互联网企业收购案更偏向于拓展业务和整合技术，以提高用户体验。2015 年 3 月及 7 月，全球即时用车软件 Uber 先后收购地图软件定位公司 deCarte 和微软旗下必应地图业务。完成收购后，deCarte 成为 Uber 独立的全资子公司，而微软地图业务全面关闭，主体团队加入 Uber，将技术整合到 Uber 地图业务中。2015 年 2 月 13 日，全球最大在线旅游公司 Expedia 以 13.4 亿美元收购竞争对手 Orbitz Worldwide 后，于 2015 年 11 月 5 日宣布同意以 39 亿美元收购假日房屋租赁平台 HomeAway 全部股票。2015 年 3 月 13 日，全球性社交网络服务网站 Facebook 收购购物搜索引擎 TheFind. com。TheFind. com 关闭服务，主体技术团队加入 Facebook 广告平台。

四 "宽带中国"战略全面推动，4G 网络加速普及

为进一步加强信息化建设、促进两化深度融合、刺激信息消费，2015 年"网络提速降费"被多次提及，成为电信基础设施建设指导性文件的关键词。2015 年 5 月，工业和信息化部公布了

《关于实施"宽带中国"2015专项行动的意见》，大力促进网络基础建设，加快城市网络提速与农村网络普及，明确提出增建4G网络基站，提高4G网络覆盖率。5月13日，李克强总理在国务院常务会议上提出促进网络提速降费措施。为落实相关政策，5月16日，工业和信息化部发布《关于推进网络提速降费相关政策简要情况》，指出在加强网络基础建设、提高服务水平的前提下，有效降低网络资费。5月28日，中国信息通信研究院在5G峰会上，发布了《5G网络技术架构白皮书》和《5G无线技术架构白皮书》，积极建设更加高速的网络，为物联网进行布局。随后，国际电信联盟于2015年6月，在美国加州圣迭戈召开的工作会议上提出5G发展时间表，标志着5G网络成为全球性研究标准。

2015年，中国三大电信企业积极贯彻落实相关政策，围绕4G网络的竞争愈演愈烈。中国移动率先开展4G业务，发展速度领先于中国联通与中国电信。经过两年的运营，中国移动4G覆盖率与用户量在2015年呈爆发式增长。截至2015年底，中国移动拥有中国60%以上的4G移动通信基站，总量达到110万个，覆盖全国12亿人口；2015年新增4G用户2亿多，年底突破3.12亿户，占中国4G市场80%的用户量。由于中国移动在4G业务上抢占了战略制高点，中国联通2015年连续11个月流失移动用户。为挽回颓势，中国联通于2015年12月初举行"沃4G+"发布会，试图以领先于中国移动的网络服务增加移动用户量，并于2015年12月11日，联合中国电信发布《六模全网通终端白皮书》，针对共建共享4G基站服务达成战略合作。

五　苹果公司首款可穿戴设备
Apple Watch 上线

2015 年 4 月 24 日，苹果公司的第一款可穿戴式终端 Apple Watch 在中国大陆、中国香港、美国、日本、英国、法国、加拿大和澳大利亚八个国家和地区起售。Apple Watch 沿用苹果系统 iOS，具有定位导航、接听来电、发送短信、监测用户的运动状态等功能，并内置话筒和听筒，使 Apple Watch 在通信功能上优于其他大部分智能手表。针对运动方面，新增的两款应用 Fitness 和 Workout 分别记录佩戴者步数和卡路里消耗，以及心率和运动方式。与安卓系统智能手表相比，创新区分一般活动与轻运动。此外，Apple Watch 最大的优势在于可支持第三方应用，例如推送 Twitter 和 Facebook 通知，或通过安装 BMW 应用程序找到停放的宝马车，以及通过安装 Starwood Hotel 应用程序在入住 W 酒店时用作房门钥匙。

苹果公司 CEO——Tom Cook 在 2014 年 9 月 9 日的新闻发布会上首次向大众展示了 Apple Watch，并表示"可穿戴式产品将是苹果公司发展上的新篇章"。Apple Watch 2015 年自上线以来的表现也肯定了这一产品方向和苹果公司的创新能力。起售日当天，仅预购销量就达到 95.7 万台，远超安卓系统智能手表 2014 年的总销量。曾被《商业内幕》评为"2014 年最具创新力十大设备"之一的 Pepple 智能手表，从 2013 年初首次出售到 2014 年底近两年内总售量也仅为 100 万台。IDC 数据中心的调查显示，Apple Watch

2015 年的销量约为 1160 万台，占领了 2015 年智能手表 61% 的市场份额，交易量为其他智能手表的总和。

从 2004 年第一款智能手表首次出售起，移动终端开始向可穿戴式发展，更深层次地渗入人们的生活和交流方式。可穿戴设备的销售量与销售总额也逐年攀升，2013 年，运动手环和智能手表等可穿戴产品全球销量为 970 万台，到 2014 年，智能手表的销量就达到 72 万台。作为新型数字产品，可穿戴设备能够更好地挖掘、反馈人体数据信息，融合设备应用与日常生活。然而现阶段，包括 Apple Watch 在内的可穿戴设备都需要连接智能手机等设备，技术研发上仍然有很大的发展空间。未来将有更多的企业涉足智能手表等领域，致力于开发能够独立工作的可穿戴设备。

六 阿里巴巴 YunOS 5.0发布，促进国产智能手机完整软件生态形成

2015 年 12 月 10 日，阿里巴巴旗下智能操作系统 YunOS 5 ATOM 年度发布会在北京召开。根据官方统计数据，2015 年 YunOS 国内市场份额为 7.1%，成为继安卓、iOS 之后的第二大手机操作系统。

阿里巴巴开发的 YunOS 是一款可以应用于智能手机、车联网、物联网、可穿戴设备等行业终端的智能操作系统。在智能手机应用方面，阿里巴巴 YunOS 智能操作系统自上线以来主要合作魅族、朵唯、纽曼等中小手机厂商，为中小移动互联网企业提供创新平台，帮助开发者构建产品设计与功能组合平台。随着国产手机不断

得到认可，搭载 YunOS 的手机出货量逐年上升，从 2013 年的 107 万台急剧上升到 2014 年的 925 万台。目前，YunOS 的累计用户已达到 4000 万以上，且预计 2015 年出货量为 3310 万台。此次发布的新系统提升了图片识别能力，增加以自学习机器智能为基础的语音功能，并与 Qeexo 合作开发指关节操作功能。在配备相同硬件设备的条件下，YunOS 5 ATOM 内存率提高 15%，续航能力提升 20%~50%，分发能力上提升 30%，运营效率提高 50%。预计 YunOS 将在现有成就的基础上，凭借新系统 YunOS 5 ATOM 进一步扩张，改变市场格局。

长久以来，我国智能手机核心技术发展不足，系统芯片及智能操作系统都依赖其他国家。随着对核心电子器件、高端通用芯片及基础软件产品领域的重视不断加强，本国企业相关技术自主研发能力得到显著提升。客观上，为了摆脱用户对新系统接受力受限的困境，YunOS 兼容安卓系统，并没有形成体系完整的软件生态圈，但是 YunOS 为小米等国产手机厂商提供更为灵活的基础平台，帮助应对安卓应用回归中国带来的冲击。

七　阿里巴巴发展跨境电商，电商业务进入全球化时代

阿里巴巴在 2015 年的一系列动作显示其积极扩展国际版图的意图。2015 年 5 月，阿里巴巴以 5600 万美元抄底收购美国母婴在线零售商 Zulily 超过 9% 的股权，成为 Zulily 主要股东。12 月 10 日，阿里巴巴 B2B 事业部与全球顶尖商营展会主办商博闻达成战

略联盟，携手为全球中小企业提供多渠道 B2B 的线上线下体验。12 月 11 日，阿里巴巴收购一家专注于用英文报道中国内地、香港及全亚洲的香港媒体《南华早报》。2015 年第一季度，中国地区电商收入占阿里巴巴集团总收入的 80%，国际电商营业额仅占 9%，董事局主席马云表示集团的目标是发展国际业务，未来一半以上收入来自海外。

阿里巴巴通过完善金融信用机制和收购等经济行为，为发展跨境电商进行了大量布局。具有信用背书功能的金融工具"一达通"，与 2015 年最新推出的国际版支付宝"信保"，为旗下专对海外业务的阿里巴巴国际站（Alibaba. com）和阿里巴巴速卖通（AliExpress）提供信用保障。另外，阿里巴巴积极收购成熟的本地电商，以求快速进入国际市场、拓宽海外销售渠道、改善供应体系，弥补发展跨境电商时面临的货源渠道短缺问题，例如其此前投资了亚马逊竞争对手 shoprunner，并控股美国体育用品在线销售商 Fanatics。同时，与博闻的联盟旨在为国内卖家对接海外零售商提供渠道，而收购英文媒体也有望弥补平台商品海外品牌知名度不足的缺陷。

随着电子商务的迅猛发展，中国互联网企业已将目光投向跨境电商领域，以寻找企业新的突破点。得益于对美国和北美其他市场的开拓，阿里巴巴国际站流量自 2014 年 9 月以来急剧上升，但 2015 年阿里巴巴的海外版图已不仅仅局限于北美地区。2015 年"双十一"期间，阿里巴巴速卖通（AliExpress）交易达 2120 万单，订单主要来源于俄国、西班牙、美国、以色列等国家和地区，是 2014 年"双十一"交易量的三倍，且 40% 的业务通过移动端产生。阿里巴巴海外业务量的迅速增长，表明中国互联网巨头全球影响力的不断攀升。

八 微信引领抢红包热潮，支付宝积极应对

2015 年春节期间，腾讯通过微信红包抢占移动支付市场份额。除夕当天，微信与春晚联手推出微信红包"摇一摇"，通过春晚直播与观众互动，实现微信红包当天收发总量达 10.1 亿个。支付宝则与央视、湖南卫视、江苏卫视展开合作，并发动阿里巴巴系全线社交平台新浪微博、来往、陌陌等，迅速打响防卫战，除夕当天支付宝红包收发量达 2.4 亿个。随后支付宝通过加大宣传力度和追加资金投入，逐渐向微信渗透。由于朋友圈被支付宝红包刷屏，微信随即屏蔽支付宝红包，最终使支付宝推出"红包口令"应对。2015 年春节期间，微信与支付宝的红包鏖战可谓为节日增添火热气氛。

红包战虽暴露了微信与支付宝各自的短板，但最终使多方受益，并浮现全行业参与的趋势。2015 年春节期间，微信红包的收发量是支付宝的四倍多。支付宝在红包战中处于防卫地位，原因主要是阿里巴巴缺失重量级的移动社交平台，导致红包链过长，用户体验差。另外，由于主打社交而商用化低的特性，微信虽然促使大量用户绑定银行卡，但活跃用户的比例却不高。然而，总体而言，两者的红包攻防战最终达到双方、电视台、商家多方受益的结果。首先，支付宝进一步扩大移动支付用户量，微信更争取到过亿移动支付活跃用户，为 2015 年支付宝、微信联合超市、

百货拓展移动线下支付提供用户基础。其次，两者与电视台联合推出红包，使用户持续接收电视台信息，并将用户信息回传以优化电视台策略。此外，商家通过微信、支付宝发放红包的宣传效果也远比其他广告途径有效。多方受益使 2015 年的红包热潮随后吸引电商、理财、互联网软件企业和手机厂商加入，呈现全行业参与的趋势。

然而春节红包热潮后，移动支付红包的诸多隐患催生了一批黑色产业链，导致微信限制红包过度营销。主要的争论集中于红包作为移动支付产品的安全性，例如快速支付密码和钓鱼红包链接增加了用户信息泄露和网络诈骗的可能性。同时，随着企业大量使用微信、支付宝等红包以达到广告宣传效果，红包商用是否应该征税受到广泛争议，相关法律法规也亟待完善。

九 三星支付、苹果支付拓展国际业务，进驻中国市场

2015 年 8 月，支持 Visa、MasterCard、American Express 等多家银行卡的三星移动终端支付方式——三星支付（Samsuang Pay）首次在韩国推出，一个月内即完成 150 多万笔交易，交易金额达 3000 万美元。2015 年 9 月 28 日，三星支付登陆美国，截至 2015 年 10 月，美国四大通信运营商（Verizon、Sprint、T-mobile、US cellular）的用户皆可在四款指定型号的三星手机上下载应用使用三星支付。2015 年 12 月 18 日，三星支付宣布与中国银联合作，正式进入中国市场，预计 2016 年初上线，未来也将在英国和西班牙

等国上线。

苹果公司 2014 年推出苹果支付（Apple Pay），2015 年上线后的几个星期内与全美 90% 的信用卡关联，在 22 万个销售点得到使用。苹果支付在美国取得成绩后，迅速拓展其他国家市场。2015年 7 月 14 日，苹果支付上线英国，2015 年 11 月 17 日与 19 日分别上线加拿大与澳大利亚。2015 年 12 月 18 日，苹果支付宣布与中国银联合作推进苹果支付上线中国市场。目前，苹果支付已与银联及中国境内 15 家银行达成协议，在得到中国监管部门的监察和认证后，于 2016 年 2 月 18 日正式上线。

简单、安全、便捷的操作方式使移动支付自推出以来迅速发展，但随着创新技术的不断推出，移动支付市场依然有很大的发展空间。企业陆续推出同时支持远程支付与近场支付的移动支付方式，新型支付方式被大量年轻人接受和认可，2015 年甚至产生消费者倒逼商户支持移动线下支付的现象。易观智库数据显示，中国第三方移动支付市场 2015 年第二季度交易金额达 3.5 万亿元，环比增长 22.81%。不同于中国现有移动支付作为资金中转平台、储存用户信息的运营方式，三星、苹果支付作为完全的第三方，仅提供技术支持将客户信息加密直接传给银行，并不储存客户银行信息，保障交易只发生在商户、银行及用户之间，降低了信息泄露的风险。同时，三星、苹果支付凭借 NFC 技术拥有更加安全便捷的近场支付方式，可在靠近 POS 机的情况下完成交易，省去每次填写用户信息的过程。但在中国推广 NFC 技术设备改造成本过大，三星、苹果支付美国市场的成功在中国不可复制，预计短期内不会对中国移动支付市场带来巨大变化。面对挑战，中国企业急需发展创新技术，通过 NFC、指纹鉴别等方式提高移动支付的安全性。

十 三星研制出可穿戴设备芯片 Bio Processor，可穿戴设备产业快速发展

2015 年 11 月 5 日，三星电子半导体部门在韩国国际系统芯片设计会议上宣布已开发出可穿戴芯片——Bio Processor（BP）。2015 年 12 月 29 日，三星电子表示 Bio Processor 已经开始销售并将大规模投入生产。

这款三星为可穿戴设备设计的芯片致力于让体积与能耗降到最小，同时最大限度提高处理器性能。Bio Processor 的核心驱动电压仅为 1.1V，较一般芯片低，而作为整合芯片，Bio Processor 的体积仅为单功能芯片体积总和的 5%。三星表示 Bio Processor 不仅可以搭载智能手机、智能手环等可穿戴设备，也可以在与移动应用处理器连接的状态下，作为感测器使用。Bio Processor 采用 45 纳米制程工艺，使用系统级封装（SIP）设计，集合多种零部件，如微控制器、蓝牙模块、数位寻号处理器及嵌入式心电图传感器。

功能的强化使搭载 Bio Processor 的移动终端能够应用于更广泛的领域。相比于包括 Apple Watch 在内的现有可穿戴设备，Bio Processor 具备心电持续测量、生物电阻体脂测量功能，并利用光电容积描记法实现对血液流动情况的监测，可以更精确地检测多项人体健康指标，如心率、体脂率、骨骼肌量、皮肤温度、呼吸频率和压力指数。高敏感度和准确性使 Bio Processor 可用于医疗健康服

务，如医生对患者的健康监测；或用于体能跟踪，如协助运动员提高运动表现；甚至创新应用于安全领域，根据心跳节奏识别用户，并用于智能化自动化场景，例如智能手机、计算机甚至个人汽车解锁。未来，三星希望采用 20 纳米技术改进 Bio Processor，进一步缩小芯片体积，提高续航能力和处理器性能。

企 业 篇

Reports on Enterprises

2015 年，全球移动互联网企业快速发展，围绕芯片、操作系统、应用服务等领域展开激烈竞争，企业业务不断系统化，市值不断攀升，我们根据企业特色选取移动互联网领域代表企业，对每家企业 2015 年的发展情况进行了分析。

B.12

苹 果

付万琳*

苹果公司于 1976 年 4 月成立，总部位于美国加利福尼亚州。1980 年 12 月，苹果公司上市，并在 2012 年创下 6235 亿美元的市值纪录。苹果公司主要收入来源包括个人电脑、智能手机、机顶盒、耳机、播放器以及新推出的智能手表以及相应的信息服务（见图 1）。调研公司 Canalys 数据显示，苹果公司在 2014 年第四季度首次成为中国智能手机市场最大厂商。2015 年，苹果公司通过频繁升级与更新 OS X、推出两款新 iPhone 手机和两款新 iPad，以及推出了新的产品系列 Apple Watch，推动营业收入实现新的增长，中国已经成为苹果公司最大的单一市场。

图 1　苹果公司营业收入来源

资料来源：由工业和信息化部电子科学技术情报研究所整理。

1.创新乏力背景下盈利创历史新高

2015 年，苹果公司受 iPhone 等产品销量及其他服务的推动，

---

* 付万琳，工程师，经济学硕士，专注于人工智能等领域研究。

营业收入快速增长（见图2）。据公司财报显示，苹果公司2015年全年营收高达2337.15亿美元，比2014年增加27.8%，净利润为504.65亿美元，比2014年增加27.7%。苹果公司创纪录的业务表现推动其股票每股收益实现38%的增长，并在第四财季中取得了135亿美元的运营现金流。在总额为2000亿美元的资本返还计划中累计完成了1430亿美元以上的现金返还量。

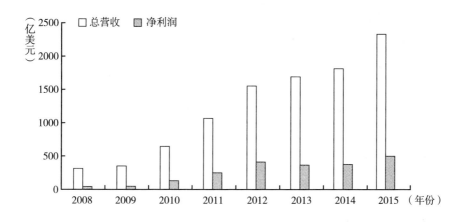

图2　2008～2015年苹果年度营收对比

资料来源：由工业和信息化部电子科学技术情报研究所整理。

虽然2015年苹果公司在财务上取得了成功，但公司创新乏力的局面并没有得到改观。2015年发布的iPhone 6s和iPhone 6s Plus的主推功能为Force Touch（压力触控），而此前苹果发布的Apple Watch，屏幕就可感应不同的压力触控。iPhone 6s/6s Plus的整体尺寸与iPhone 6/6 Plus相比基本没有差异，只是分别变厚了0.2毫米。在整机外观变化不大的前提下，iPhone 6s的辨识度主要体现在新配色的加入。iPad Pro的发布也并未带来太多惊喜，主要是在尺寸和像素方面进行了升级，同时加入了一些提升视频效果的新技术。相比 iPad Pro，iPad mini4 的诞生则主要是为了填补 iPad mini3 下架和 iPad 系列与 Air 系列之间的硬件差距所产生的夹缝市场。

2. 大中华区营收翻倍，超越欧洲部门

除美洲市场外，苹果在其他地区的营收表现发生了较为显著的变化。其中在大中华区的营收涨幅最为显著，成为仅次于美洲的第二大市场。纵观 2015 年各财季，大中华区的营收较上年同期几乎均呈现翻倍态势。欧洲部门的表现相对稳健，但除了第一财季体现微弱优势外，连续三个财季营收表现不及大中华区（见图3）。2015 年第一财季可视为大中华区营收超越欧洲部门的分水岭。未来，为保证业绩的持续快速增长，大中华区将成为苹果关注的重点区域。在 2014 年业绩增长乏力的亚太其他地区，其 2015 年的营收则出现了较为明显的回升。日本部门的发展则相对稳定。

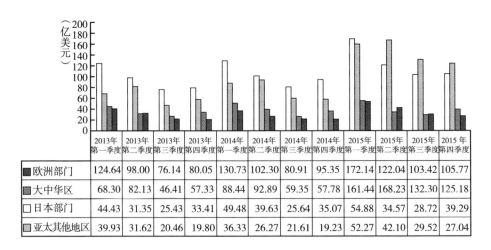

	2013年第一季度	2013年第二季度	2013年第三季度	2013年第四季度	2014年第一季度	2014年第二季度	2014年第三季度	2014年第四季度	2015年第一季度	2015年第二季度	2015年第三季度	2015年第四季度
■欧洲部门	124.64	98.00	76.14	80.05	130.73	102.30	80.91	95.35	172.14	122.04	103.42	105.77
▨大中华区	68.30	82.13	46.41	57.33	88.44	92.89	59.35	57.78	161.44	168.23	132.30	125.18
□日本部门	44.43	31.35	25.43	33.41	49.48	39.63	25.64	35.07	54.88	34.57	28.72	39.29
▨亚太其他地区	39.93	31.62	20.46	19.80	36.33	26.27	21.61	19.23	52.27	42.10	29.52	27.04

图3 2013～2015 年苹果公司各区域（本土外）季度营收对比

资料来源：由工业和信息化部电子科学技术情报研究所整理。

3. 在系统升级和应用创新领域继续发力

自 2008 年推出 App Store 上线以来，其一直是最为盈利的应用商店，并累计让全球开发人员实现收益超过 300 亿美元。2015 年，苹果公司围绕三大系统——iOS、watchOS 和 OS X 继续进行系统升级和应用创新。其中，新版 iOS 9 将使整个系统更加智能，不仅帮助用户查找到更多内容，还向用户提供更多基于使用情景的智能提醒与建议。新版 iOS 9 中加入了包括 SlideOver、Split View 和画中画三项分屏多任务功能。新版 watchOS 2 将为 Apple Watch 带来更多原生应用，包括更多新表盘、新功能以及有趣的用法。OS X El Capitan 对整个系统的性能进行了提升，包括加入分屏模式、支持用户跨屏操作和新的手势功能。此外，苹果正加速 Apple Pay 在全球布局，为配合 Apple Pay，苹果将 iOS 系统自带应用 Passbook 改名为 Wallet 并进行了功能升级。苹果自家音乐服务 Apple Music 也将推出，并有望登陆安卓平台。此外，Swift 语言将开放源代码，并对 iOS、OS X 和 Linux 平台都适用，为移动编程带来更多可能。新的 Swift 2 语言发布，有利于提升编译性能和有效提升开发者效率。

B.13

谷　歌

付万琳*

　　谷歌成立于1998年9月，是全球最大的搜索引擎，总部位于美国加利福尼亚州，在全球各地都设有销售和工程办事处，2004年8月，谷歌在纳斯达克上市。自成立以来，谷歌产品不断进行更迭，整个产品阵营更新换代速度加快，甚至一年内更替两次以上，如Google搜索、GlassGoogle +（Google plus）、Google Play应用商店、谷歌购物等多款产品，涉及搜索、移动OS、智能硬件、平板、手机等领域。谷歌收入来源主要为广告收入，包括展示类广告和关键词广告（见图1）。从长远来看，谷歌开始大力推广的Google Glass、无人驾驶汽车、"安全密钥"保护实体装置等产品有广阔的发展前景。

　　1. 战略重组与成本控制促进净利润增长

　　2015年8月10日，谷歌宣布重组新控股公司Alphabet，并采用新运营架构。Alphabet公布了旗下谷歌公司2015财年第三季度财务报告，报告显示，谷歌该季度营收为187.00亿美元，比2014年同期的165.23亿美元增长13%；净利润为39.80亿美元，2014年同期仅为28.13亿美元（见图2）。此外，自2014年底，谷歌开

---

　　* 付万琳，工程师，经济学硕士，专注于人工智能等领域研究。

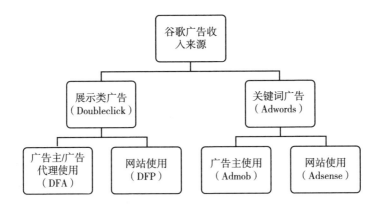

图1 谷歌公司广告收入来源

资料来源：由工业和信息化部电子科学技术情报研究所整理。

始在招聘、差旅及物资供应等方面进行成本控制，这一举措使得谷歌成本攀升速度快于收入增长的情况得以改善。

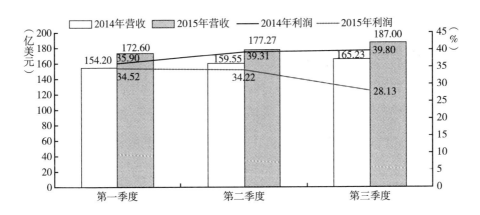

图2 2014～2015年谷歌季度营收对比

资料来源：由工业和信息化部电子科学技术情报研究所整理。

2.不断完善移动业务基石——安卓平台

谷歌不断完善安卓平台以保持其在移动业务领域的竞争优势。

IDC 数据显示，2014 年，安卓全球市场份额从第二季度的 85% 急剧下滑至第四季度的 76%。同期，苹果份额从 11.7% 增至 19.7%。为改善用户体验，2015 年，谷歌推出强化版的 Android M，涉及系统更新在内的多项改进。系统更新包括对网页浏览体验的改进，加入自动登录、存储密码、自动补全等功能，并对多线程安全性进行优化；改善安卓应用授权，节省平台耗电状况，系统整合指纹识别，加入移动支付服务；此外，还有大量的细节改进，包括复制、粘贴操作，音量设置优化等。与此同时，谷歌推出 Android One 计划，旨在打造各种便宜好用的安卓设备。为吸引全球开发者，提升应用开发效率与质量，谷歌还开放了"nano 学位"，提供为期六个月的安卓应用开发学习课程。

3. 应用创新加速移动战略转型

市场研究公司 eMarketer 数据显示，2015 年谷歌在移动广告市场的份额将略有下降。为应对 Facebook 和 Twitter 在数字广告领域的竞争，谷歌正在拓展服务，更好地覆盖移动端用户。具体做法包括：修改移动搜索算法，向所谓的"移动友好"网站倾斜；优化谷歌地图离线搜索和导航功能并支持离线状态下的语音控制；更加智能的 Google Play 搜索功能使用户搜索 APP 更便捷；提升 Google Now 的智能化水平，实现对智能学习用户的使用场景进行搜索预判；跨平台照片管理应用 Google Photos，根据时间、地点、人物进行照片智能分类；可穿戴平台 Android Wear 支持手表直接叫车等实用场景；物联网平台 Brillo 通过 Weave 对话机制与手机及云端相连，并应用于各种物联网设备。

付万琳*

亚马逊公司（Amazon）是美国最大的一家网络电子商务公司，位于华盛顿州。亚马逊业务主要包括四块：一是电子商务、物流；二是书籍、DVD 和音乐等数字内容分发、出版；三是云服务；四是 Kindle 硬件（见图 1）。2015 年 7 月，亚马逊市值超越沃尔玛，成为全球市值最高的零售商。

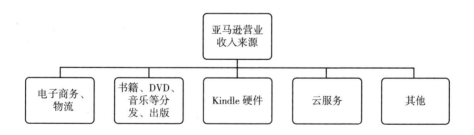

图1 亚马逊公司营业收入来源

资料来源：由工业和信息化部电子科学技术情报研究所整理。

1. 盈利能力回升，同比扭亏

2015 年前三季度亚马逊总营收达到 713 亿美元，相比 2014 年同期增长 19.5%。除了在营收方面持续的稳健表现，亚马逊在

---

* 付万琳，工程师，经济学硕士，专注于人工智能等领域研究。

2015 年实现了盈利的增长，同比扭亏。尽管 2015 年前三季度的净利润仅为 1.14 亿美元，相比 2014 年同期净亏损 4.55 亿美元的业绩来讲，亚马逊的盈利能力正在逐步回升（见图 2）。其中第二、第三季度净利润分别为 9200 万美元和 7900 万美元。

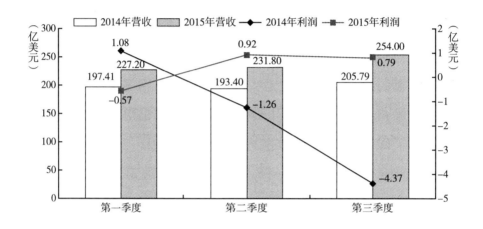

图 2　2014～2015 年亚马逊季度营收对比

资料来源：由工业和信息化部电子科学技术情报研究所整理。

面对电商企业在全球范围内的激烈竞争，亚马逊正在加快对无形资产、专利和品牌实力的投资，从而强化长期价值。在转型期，亚马逊投入到新科技、新服务和传统物流仓建的费用逐年递增，如无人机送货服务和流媒体视频交易以及仓库建设等。对于亚马逊此类长期处于亏损或者微盈利状态的企业，华尔街采用市销率（即市值和收入的比值）而非市盈率来对其估值，着眼于企业营收指标。根据彭博社的调查，亚马逊 2015 年第二季度业绩出炉后，华尔街投行纷纷上调了公司目标价。分析师们认为，Prime 服务将加强会员在亚马逊购物的黏性，AWS 收入强化了亚马逊未来潜在的几何级增长预期。亚马逊在基础设施、物流和网络服务等方面的投资有益于其市场份额的提升、现金流的增长以及持续实现高资本回报率。

2. 云计算业务表现强劲

自 2006 年 8 月推出 AWS 至今，亚马逊成为举世瞩目的云计算服务提供商，客户总数超过 100 万，分布于 190 个国家和地区，服务器达 200 万台，2015 年前六个月营收 33.9 亿美元，占总营收的 7%。在 2015 年第一季度财报中，亚马逊首次披露的云计算服务业数据显示，云计算业务收入同比上涨 49%，达到 15.6 亿美元，盈利 2.65 亿美元，成为亚马逊增速最快的业务。

亚马逊于 2006 年推出 Amazon Web Services（AWS），向企业提供专业的云计算服务，具体包括：亚马逊弹性计算网云（Amazon EC2）、亚马逊简单储存服务（Amazon S3）、亚马逊简单数据库（Amazon SimpleDB）、亚马逊简单队列服务（Amazon Simple Queue Service）以及 Amazon CloudFront 等。AWS 在云端基础架构方面遥遥领先，超过谷歌、微软、IBM、威睿和其他供应商。市场研究公司 Synergy Research Group 的报告显示，AWS 全球市场份额高达 28%，龙头地位稳固（见图 3）。AWS 已发布超过 1170 种新功能或应用，除 2011 年和 2012 年外，每年增速超过 70%，创新能力远超同类型竞争公司。

3. 业务创新支持第三方平台发展

2015 年亚马逊进一步加大"创新"及"本土化"。其在物流服务、广告、卖家培训等方面推出新服务，以支持第三方平台业务的发展，并将继续加大"全球开店"项目的投入力度。

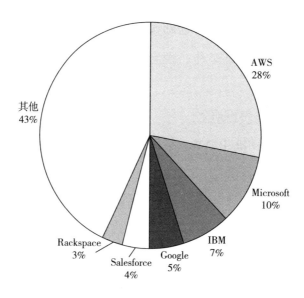

图3　云计算服务全球市场份额

资料来源：Synergy Research Group。

　　为支持第三方平台业务的发展，亚马逊将利用供应链大数据以及物流体系加速开拓本土物流市场，向本土电子商务企业和传统企业提供仓储物流方案并全面打通跨境物流配送网络；向卖家开放"亚马逊展示广告"，这是该服务在全球首次提供给卖家使用；在第三方平台正式启动亚马逊全球范围内的第一家卖家大学——"亚马逊卖家大学"。为支持全球开店战略，亚马逊推出四大销售管理工具，包括：联合账户，让卖家能通过一个账号同时管理多国业务；产品目录全球化功能，让卖家能在不同国际站点之间快速复制产品目录；跨平台"搬家"工具，以帮助卖家进行跨境平台迁移；亚马逊货币转换服务。

　　此外，在移动互联网快速发展的新时期，亚马逊的业务重心将逐步转向移动平台。为提升移动端用户体验，在每一个产品研发的初始阶段，亚马逊都将同步考虑其在移动端的产品形态。目前，通过亚马逊 APP 在美国直接用手机扫描二维码，就能查询到亚马逊网站上的产品售卖信息。

4. 逐渐突破移动端软肋，提升控制权

创业公司正在利用智能手机改变客户购物方式，并不断进行模式创新，向用户提供快速便捷服务。同时，行业巨头们开始向竞争对手的传统优势领域渗透，瓜分其市场份额。面临以上两方面的双重压力，在移动互联网快速发展的新时期，亚马逊采取了一系列举措，在移动端进一步提升自身控制权。

2015 年 11 月，亚马逊推出了针对移动端客户的"黑色星期五"假日促销活动，Prime 会员将享有提前 30 分钟进行闪电交易的特权。而且从感恩节到 12 月 9 日，亚马逊还将移动端购物者接入特殊的应用程序，以提供更多的闪购商品和特殊的交易功能，帮助移动端用户选择自己感兴趣的商品交易。与此同时，亚马逊推出新的广告投放平台"Advertise Your App with Amazon"，移动端应用开发人员可借助亚马逊平板电脑 Fire 的开机欢迎页面及亚马逊移动广告网络推广，宣传其开发的应用。这一平台致力于帮助开发人员获得忠实用户和潜在的付费用户。此外，亚马逊还在 iOS、安卓和自家应用商店发布了移动版的 Cloud Drive 应用，将自家的云存储服务推广到了移动端。

B.15

Facebook

付万琳[*]

    Facebook（中文名"脸谱"）于 2004 年 2 月上线，专注于社交网络服务，总部位于美国旧金山。自上线以来，Facebook 用户数量不断攀升，2015 年 9 月，Facebook 单日用户数突破 10 亿。Facebook 凭借其庞大的用户群体和定向数据，带动广告收入大幅增加，广告收入已经成为其主要收入来源（见图 1）。近年来，得益于移动端活跃用户的显著增长，Facebook 移动广告业务营收不断增加，占其总广告营收的比例超过 70%。

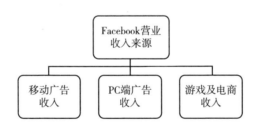

图 1　Facebook 营业收入来源

资料来源：由工业和信息化部电子科学技术情报研究所整理。

1. 盈利丰厚，投资持续增加

2015 年第一季度，Facebook 总收入达到 35.4 亿美元，相比上

---

* 付万琳，工程师，经济学硕士，专注于人工智能等领域研究。

年同期增长 42%。尽管营收表现出色，但由于投资力度加大和成本支出增加，2015 年第一季度纯利润仅为 5.1 亿美元，比 2014 年同期的 9.9 亿美元减少 48%（见图 2）。为促进移动营收和未来增长，Facebook 在第二、三季度依然保持投资和支出的大幅增加。Facebook 第二季度成本和开支为 27.7 亿美元，比上年同期的 15.20 亿美元增长了 82%。第三季度总成本和支出为 30.42 亿美元，比上年同期的 18.06 亿美元增长 68%。投资的增加也为第二、第三季度的营收和利润增长带来积极作用。Facebook 第二季度营收为 40.4 亿美元，较上年同期的 35.4 亿美元增长 14%；净利润为 7.2 亿美元，同比增长 41%。第三季度营收为 45.0 亿美元，比上年同期的 40.4 亿美元增长 11%；净利润为 9.0 亿美元，比上年同期的 7.2 亿美元增长 25%。

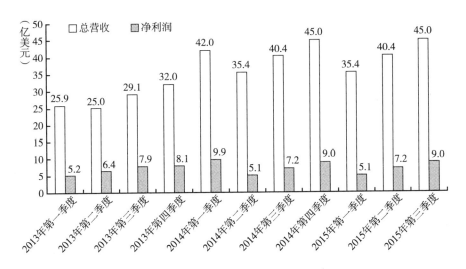

图 2　2013~2015 年 Facebook 营收和净利润季度变化情况

资料来源：由工业和信息化部电子科学技术情报研究所整理。

2. 移动广告表现突出

截至 2015 年 9 月 30 日，Facebook 平均每日活跃用户人数突破 10 亿，比上年同期增长 17%，其中移动平均日活跃用户人数为 8.94 亿，比上年同期增长 27%。WhatsApp 和 Messenger 上月活跃用户数分别为 9 亿和 7 亿，照片分享应用 Instagram 的月活跃用户高达 4 亿，Facebook 上平均每天观看视频的人数达 80 亿人次。得益于移动端活跃用户的显著增长，Facebook 移动广告业务营收在总广告营收中所占比例达 78%，较上年同期增长 12%。据加拿大皇家银行（RBC Capital Market）2015 年 9 月数据显示，其 61% 的广告主计划 2016 年加大投放在 Facebook 上的广告力度。据彭博社报道，Facebook 正在开发移动端的综合广告产品和工具，从而确保广告投放更为精准，覆盖更多潜在用户。根据调查机构 EMarketer 的数据，2015 年 Facebook 全球移动广告营收将达 721 亿美元，占全球移动广告市场的 17.4%。

3. 消息应用或将成为创新重点

与之前运营商收费、操作烦琐的 SMS 相比，发送快速、可靠以及免费的消息应用的优势十分明显。随着 WhatsApp 这样的"移动优先"应用的崛起，消息应用在世界各地以不同的方式实现货币化，例如中国的腾讯、日本的 Line 以及韩国的 KaKao。对于 Facebook 来说，消息应用代表着巨大机遇。

德意志银行预计，到 2020 年 Facebook 的 Messenger 和 WhatsApp 应用活跃用户数将超过 20 亿，并为 Facebook 带来高达 90 亿~100 亿美元的收入，占 Facebook 广告总收入的 17%。WhatsApp 与 Messenger 已在全球急速扩张，特别是在新兴市场。目前，

WhatsApp 已经拥有 8 亿用户，其中 80% 来自新兴市场。Messenger 则拥有 7 亿用户，75% 用户来自新兴市场。除了将自身的广告技术整合到消息应用中，Facebook 还将通过移动支付从消息应用中获得收入。华尔街已经预见到，消息应用将在 Facebook 的未来发展中发挥巨大作用。

B.16

腾　讯

付万琳*

　　腾讯成立于 1998 年 11 月，于 2004 年在港交所上市，是目前中国最大的互联网综合服务提供商之一。腾讯的业务收入主要来源于移动及电信增值服务、社区类增值服务、网络广告等（见图 1）。早在 2013 年，腾讯就已进行组织架构调整，从原有的业务系统制变为事业群制，并将现有业务重新划分成企业发展事业群（CDG）、互动娱乐事业群（IEG）、移动互联网事业群（MIG）、网络媒体事业群（OMG）、社交网络事业群（SNG），整合原有的研发和运营平台，成立新的技术工程事业群（TEG），并成立腾讯电商控股公司（ECC）专注运营电子商务业务，其未来的发展重点布局包括社交、游戏、媒体、电商 O2O 四大方向。

　　1.移动端优势明显，财务业绩稳健

　　2015 年，腾讯继续保持在社交、游戏和媒体平台的领先地位，进一步扩大移动用户的基数。截至 2015 年 9 月 30 日，QQ 智能终端月活跃账户同比增长 18% 至 6.39 亿，整体最高同时在线账户同比增长 10% 至 2.39 亿；QQ 空间智能终端月活跃账户同比增长

---

　　* 付万琳，工程师，经济学硕士，专注于人工智能等领域研究。

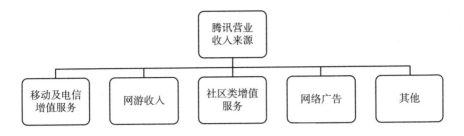

图1 腾讯公司营业收入来源

资料来源：由工业和信息化部电子科学技术情报研究所整理。

14%至5.77亿；微信及WeChat月活跃账户同比增长39%至6.50亿。

2015年第三季度，腾讯总收入为265.94亿元，同比增长34%，净利润为74.45亿元，同比增长32%，前三季度腾讯总营收达到724.22亿元，净利润为216.42亿元，与上年同期相比营收增长24.96%，净利润增长20.57%（见图2）。第三季度增值服务收入同比增长28%至205.47亿元，网络游戏收入同比增长27%至143.33亿元，社交网络收入同比增长32%至62.14亿元。受社交效果广告和视频广告的推动，广告主数量和平台流量显著增加，网络广告收入达到49.38亿元，同比增长102%，环比增长21%（见图3）。其中，超过65%的广告总收入来自移动端。移动支付方面，QQ钱包和微信支付绑卡用户数超过2亿，且支付量骤增，尤其是用户间交易、电子商务，以及O2O领域的交易。

2.不断深化移动端用户互动方式

在各主要平台，腾讯不断进行移动端的功能优化和服务创新来深化用户互动方式，提升用户体验。手机版QQ凭借兴趣部落及视频聊天等功能而广受欢迎。受益于照片编辑等功能的增强，QQ空

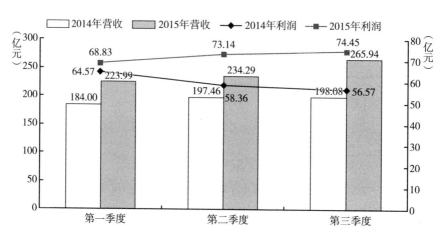

图 2　2014～2015 年腾讯季度营收对比

资料来源：由工业和信息化部电子科学技术情报研究所整理。

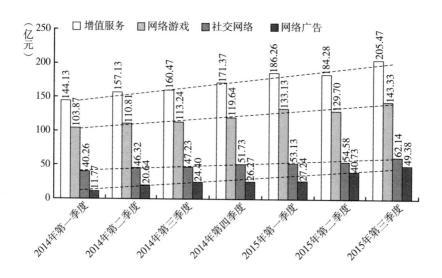

图 3　2014～2015 年腾讯主要业务收入季度对比

资料来源：由工业和信息化部电子科学技术情报研究所整理。

间的用户活跃度也得以提升。丰富的 QQ 群功能（如家校群的布置
作业功能、同城群的查找附近交友功能）和 QQ 钱包（主要用于

C2C 交易）形成了区别于微信的基于生活场景的便捷服务。此外，"面对面快传"和"发送到我的电脑"等功能实现了移动端与 PC 端的联通。

在微信平台，腾讯推广原创内容并通过用户打赏公众账号内容提供商的方式，提升用户体验。在内容为王的互联网发展趋势下促进优质内容的生成与传播。此外，微信基于不断丰富的生活场景深化用户的移动支付使用习惯，并向用户提供基本上免费的用户间转账功能，为腾讯带来显著的银行交易费用。移动支付解决方案使用量的增长，也进一步拓展了在优质阅读、音乐和视频服务项目上的付费用户数量。移动端社交网络效果广告的收入也随之增加，品牌展示广告收入同比大幅增长 47%。

网络媒体方面，凭借优质的内容及手机版 QQ 和微信插件，腾讯新闻客户端正在巩固其作为中国领先的移动新闻平台的地位。腾讯视频则凭借丰富的内容、优质的用户体验和微信端的推送，在视频播放领域逐渐取得领先地位。易观智库的专题研究报告显示，腾讯视频 2015 年第一季度的国内市场份额为 14.11%，位居第三。受视频播放量增长的推动，腾讯的视频广告收入贡献比例显著增加。

3. 众创时代下的开放与协作

随着国家产业结构转型升级和社会经济发展的需要，2015 年政府工作报告强调"大众创业、万众创新"将作为实现中国经济提质增效升级的"双引擎"之一。在此时代背景下，2015 年，创业者迎来了"众创元年"。

作为国内最大的创业平台之一，腾讯开放平台自 2011 年正式对外开放腾讯各项资源，帮助创业者成长。目前，腾讯开放平台上已经聚集了 500 万创业者，人数增长 36 倍。累计为创业者创造收益超过 100 亿元，腾讯开放平台上的创业公司总估值超过 2000 亿元，为整个社会创造的就业机会超过 1500 万个。腾讯众创空间具备包括线上＋线下的五大核心能力——流量加速能力、开放支持能力、创业承载能力、教育培训能力和辐射带动能力。腾讯众创空间致力于打造一个全要素的创业孵化器，已与北京、上海、天津三大直辖市地方政府代表共同开启战略合作，建立三地超 15 万平方米的腾讯众创空间。此外，2015 年腾讯还计划在全国建立 25 个线下众创空间，总面积超过 50 万平方米。腾讯开放平台通过发布众创战略，提供一系列对创业大众的帮助扶持措施，联合包括政府、投资人等力量，共同扶持创业者。腾讯将携手最广泛的创业大众，实现"互联网＋"的愿景。

B.17

阿里巴巴

付万琳*

阿里巴巴集团创立于 1999 年，专注于电子商务服务，旗下平台包括面向产业链中前端原料、设备、成品采购批发的 B2B 平台，及末端直接面向终端消费者的 B2C、C2C 零售平台，旨在打造贯穿全产业链的 B2B2C 融合型商业模式，并不断向国际电商业务、云计算服务扩展（见图 1）。2015 年阿里成立了智能生活事业部和阿里汽车事业部后，累计拥有 27 个事业部，形成了纵线服务体系与横向支撑体系的格局。

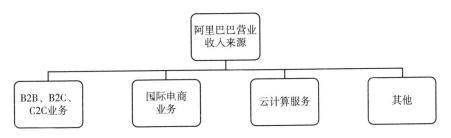

图 1　阿里巴巴公司营业收入来源

资料来源：由工业和信息化部电子科学技术情报研究所整理。

1. 营收、利润超越预期

截至 2015 年 9 月 30 日，阿里巴巴第一、第二财季总营收为

---

* 付万琳，工程师，经济学硕士，专注于人工智能等领域研究。

424. 16 亿元, 同比增长 30. 11%, 净利润为 535. 19 亿元, 较上年同期增加 246. 81%。其中第二财季数据显示, 集团营收、利润、成交额数据均超出预期。第二财季总营收为 221. 71 亿元, 同比上涨 32%, 高于预期的 213 亿元; 净利润为 227. 03 亿元, 同比增长 649%。第二财季 (2015 年第三季度) 平台成交额上升 28% 至 7130 亿元, 其中天猫平台成交额高达 2750 亿元, 同比增长 56%。此外, 移动收入同比大幅增长 183%, 达到 105. 2 亿元 (见图 2)。移动月度活跃用户单季度增加 3900 万, 总数占中国手机网民的六成。平台年度活跃买家达到 3. 86 亿, 比上季度增加 1800 万。移动端成交额上升近三倍至 105 亿元。2015 年 "双十一" 期间, 阿里 24 小时内交易额为 912. 17 亿元, 同比增长 59. 7%。集团的强劲表现受益于阿里优质高效的电商生态系统, 高质量商家的加入为阿里平台带来强大的网络和协同效应。

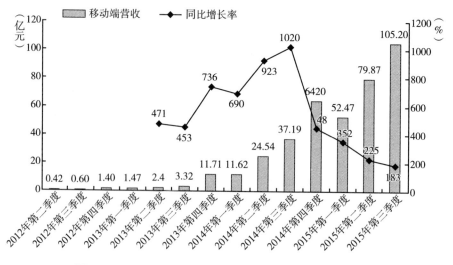

图 2　2012 ~ 2015 年阿里巴巴移动端季度营收对比

资料来源: 由工业和信息化部电子科学技术情报研究所整理。

2. 移动互联网领域业务矩阵业已形成

2015 年随着移动阅读平台"阿里文学"的正式推出，阿里宣布完成移动事业群的整合，形成包括 UC 浏览器、高德地图、神马搜索、九游、PP 助手以及移动阅读平台阿里文学在内的全新的移动互联网领域六大业务矩阵。

阿里移动事业群旗下的业务定位并非电商业务的流量入口，而是专注于为各自的专业领域提供更为精准和专业的服务。例如，高德地图在功能上弱化了商业化的 O2O 盈利模式，转而强化提供更为智能的出行和位置信息服务。随着移动互联网业务矩阵日益完善，阿里的移动事业群将逐渐对腾讯、百度等竞争对手形成威胁。阿里移动事业群总裁同时接管了阿里集团最重要的广告营销平台阿里妈妈。阿里正力图在非电商的移动互联网领域打造一支强有力的生力军。

3. 云计算业务快速成长

得益于企业付费用户数量增长以及云计算服务的使用量增加，2015 年第三季度，阿里巴巴旗下云计算业务阿里云营收 6.49 亿元，环比增长 34%，成为全球增速最快的云计算服务商，同时也成为阿里收入增速最快的业务（见图 3）。

据市场研究公司 IDC 预计，中国公有云的市场规模到 2018 年将达到 20 亿美元，企业云计算市场蕴含着巨大的潜力。对小型创业公司而言，利用"基础设施即服务"（IaaS）也将帮助它们"降本增效"。新兴科技公司的应用开发向云计算平台迁移，将带来更好的灵活性，便于扩容及性能优化。对于大型电商公司而言，云计算平台能反哺电商业务，并带来相对于其他竞争对手的技术优势。

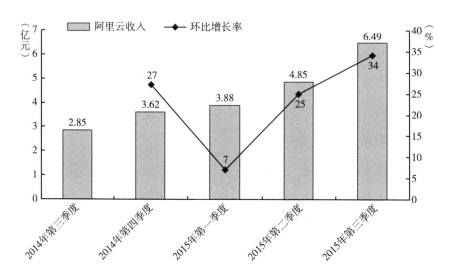

图3　2014～2015 年阿里云季度营收对比

资料来源：由工业和信息化部电子科学技术情报研究所整理。

B.18

高　通

付万琳[*]

高通成立于 1985 年 7 月，总部位于美国加利福尼亚州。公司主要从事无线电通信技术研发，并以在 CDMA 方面的领先技术而闻名。高通的业务收入主要来自专利授权和芯片销售（见图 1），其拥有 3000 多项 CDMA 及其他技术的专利和专利申请，已经向全球 125 家以上电信设备制造商发放了 CDMA 专利许可。高通的业务涵盖技术领先的 3G 和 4G 芯片组、BREW 应用开发平台、QChat、BREWChatVoIP 解决方案技术、QPoint 定位解决方案、双向数据通信系统、全面无线解决方案、MediaFLO 系统和 GSM1x 技术等，市场占有率居移动端芯片领域首位。

1. 营收净利双降，业绩表现不佳

由于自身的产品策略以及产品性能方面存在的问题，高通2015 年的智能手机芯片销售表现疲弱，加之在中国市场的专利授权业务上面临困境，高通的净利润连续多个财季出现下滑（见图 2）。公司财报显示，除了在第一财季营收和净利同比有所增长以外，第二财季净利润为 10.5 亿美元，同比 2014 年的 19.6 亿美

---

* 付万琳，工程师，经济学硕士，专注于人工智能等领域研究。

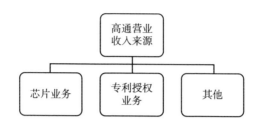

图 1　高通公司营业收入来源

资料来源：由工业和信息化部电子科学技术情报研究所整理。

元下滑 46%。第三、第四财季更是出现了营收和利润的双降。第三财季营收 58 亿美元，比上年同期的 68 亿美元下滑 14.7%，净利润为 12 亿美元，比上年同期的 22.38 亿美元下滑 46%；第四财季营收为 55 亿美元，同比下滑 18%；净利润为 11 亿美元，同比下滑 42%。高通 2015 年全年营收为 253 亿美元，仅达到年初预测的下限，业绩表现很不理想。

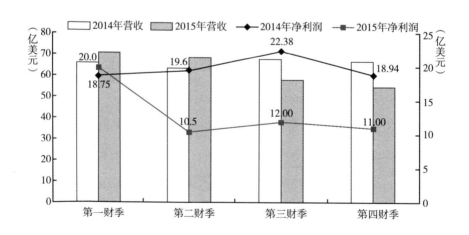

图 2　2014～2015 年高通各财季营收对比

资料来源：由工业和信息化部电子科学技术情报研究所整理。

　　除了业绩表现欠佳，中国发改委向高通开出了中国反垄断史上最高罚单，高通宣布同意向中国发改委支付 60.88 亿元（约合 9.75 亿美元）的罚款。该罚单虽然没有强制改变高通目前在中国的商业模式，但对公司净利润的负面影响显著。由于来自联发科和三星等主要竞争对手和中国定位于低端手机市场的小型芯片制造企业的共同冲击，高通在业内的竞争优势不断减弱。

　　2. 旗舰产品问题频频，竞争对手来势汹汹

　　高通的骁龙 810 处理器在面世之初备受业界关注，受到一致推崇，多家国内外手机厂商将其应用于高端机型。例如小米 Note 顶配版、HTC M9、LG Flex 2、索尼 Z4 等。然而骁龙 810 的发热问题却给这些合作伙伴带来新品延迟发布和客户投诉等麻烦。Strategy Analytics 数据显示，2015 年第一季度全球手机处理器市场同比增长 20%，达 53 亿美元。而高通份额由上年同期的 55% 跌至 47%。与此相反，海思、英特尔、三星的市场份额均有显著的增长。其中，海思得益于华为手机出货规模高涨，三星则在旗舰机 Galaxy S6/S6 Edge 中采用了自己的 Exynos 处理器。在高通旗舰产品骁龙 810 处理器出现问题时，竞争对手把握时机抢占了一定市场份额。在独自占领 LTE 芯片市场 3 年后，由于对手推出了各自的 LTE 芯片，高通必然要面临不断加剧的市场竞争。

　　3. 骁龙跨界推动物联网变革

　　根据 IDC 的预测，到 2020 年，全球物联网市场规模将会增长至 3.04 万亿美元，而物联网设备将会达到 300 亿台。面对智能手机芯片市场的业绩下滑和巨额反垄断罚单，高通正利用其在移动设备方面的丰富底蕴，在物联网领域开辟新的业务空间。在 2015 年

的 IoE（Internet of Everything）大会期间，高通推出了可为物联网终端和系统提供可靠、优化的蜂窝连接的产品，以及搭载骁龙平台的物联网应用型产品。

有别于蓝牙、WiFi 以及 3G 网络的物联网连接方式，高通研发的 LTE 调制解调器的发布推动了 LTE 在物联网中的应用。为强化物联网连接技术优势，高通完成了对蓝牙芯片巨头 CSR 的收购，这一举措使得高通的连接服务覆盖无线广域网（WWAN）、无线局域网（WLAN）和无线个人区域网（WPAN），而基于骁龙平台的物联网应用型产品利用骁龙处理器的计算性能完成大量复杂的计算任务，实现更为智能的功能，例如，基于骁龙平台的联网摄像头和骁龙 Flight 平台。

目前，高通正在进行 3G/4G 加 WiFi 的持续演进，提供万物互联架构，扩展 LTE Direct D2D（终端到终端）平台，研发跨频类型和频段的统一 5G 设计。此外，高通还推出了超低功耗 ASIC，针对可穿戴设备和万物互联支持实时运行。同时，高通将通过在智能终端上集成认知技术，从而支持更具直觉的终端和事物，并围绕骁龙处理器打造创新计算平台，支持"更智能"的移动机器人。

百　度

付万琳[*]

　　百度成立于 2000 年 1 月，是全球最大的中文搜索引擎、最大的中文网站，总部位于北京中关村。百度的业务领域涉及搜索、导航、社区服务、移动服务、站长服务、软硬件工具等 80 余类，技术转让、固定排名、竞价排名等是其收入的主要来源（见图 1）。随着中国全面进入移动时代，百度 2/3 的搜索流量都来自移动端。百度通过将搜索、地图与服务交易深度整合，进一步拓展自身的平台能力，该优势使其在 O2O 领域的势头强劲，服务交易增长迅速。

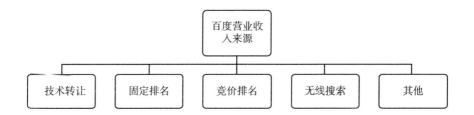

图 1　百度公司营业收入来源

资料来源：由工业和信息化部电子科学技术情报研究所整理。

1. 营收继续保持稳健，移动营收大幅提升

2010 ~ 2014 年，百度营收规模由 79.15 亿元增加至 490.52 亿

---

* 付万琳，工程师，经济学硕士，专注于人工智能等领域研究。

元，保持年均 57.78% 的增速；净利润由 35.25 亿元增至 131.87 亿元，年均增速达到 39.07%（见图 2）。截至 2015 年 9 月 30 日，百度第三季度总营收为 183.83 亿元（约合 28.92 亿美元），比上年同期增长 36.0%；第三季度净利润为 28.41 亿元（约合 4.470 亿美元），比上年同期下滑 26.7%。前三季度累计营收 476.83 亿元，比上年同期增长 36.23%。由于交易服务的促销支出、研发支出和股权奖励支出的增加，公司运营利润和净利润较上年同期分别下降 17.4% 和 10.1%，分别为 81.37 亿元和 89.52 亿元。

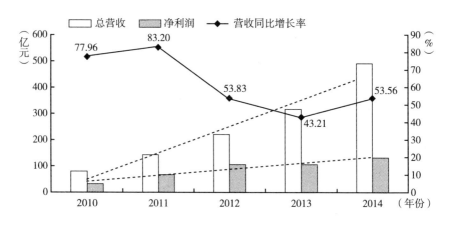

图 2 2010～2014 年百度公司运营情况

资料来源：由工业和信息化部电子科学技术情报研究所整理。

2015 年第三季度，百度交易服务的总交易额（GMV）为人民币 602 亿元（约合 95 亿美元），比上年同期增长 119%。截至 2015 年 9 月底，百度钱包的已激活账户数量达 4500 万个，比上年同期增长 520%。此外，2015 年 9 月，百度移动搜索业务的月度活跃用户数为 6.43 亿，比上年同期增长 26%；百度移动地图业务的月度活跃用户数为 3.26 亿，比上年同期增长 34%。受益于移动流量增长、移动货币化能力的迅速增强，百度在移动业务上继续保持高速增长。同时，移动搜索作为入口的地位和价值正逐步凸显，成为拉动移动营收增长的关键。

2. 移动搜索与移动分发市场份额国内领先

据报告显示，截至 2015 年上半年，中国手机网民总数达 5.8 亿，其中 4.7 亿为移动搜索用户，用户渗透率达 79.1%，仅次于移动社交，在各类移动应用中排名第二。比达咨询（BigData-Research）发布的《2015 年上半年中国移动搜索市场研究报告》显示，截止到 2015 年 6 月，移动搜索活跃用户渗透率排名前三的企业分别是百度、神马和搜狗。其中百度移动搜索活跃用户渗透率为 80.5%，神马搜索为 27.8%，搜狗搜索为 26.6%。

得益于移动搜索和手机助手领衔的手机应用商店构建的"双核分发"模式，百度连续 8 个季度领跑中国移动分发市场。据易观智库发布的《2015 年第二季度中国全渠道应用分发市场季度监测报告》显示，百度第二季度应用分发市场分发总量为 337.87 亿，较上一季度环比增长 2.8%。百度不仅重视分发和变现能力的不断提升，在开发者生态和品牌建设上也大举投入。基于对 91 无线的融合基本完成，百度升级原有"开发者平台"，为开发者提供更多的便利与服务。移动搜索与移动分发领域的领先优势将加速支撑百度的 O2O 战略。

3. O2O 战略布局基本形成

百度从搜索领域大举进入生活 O2O 行业，依托移动搜索、PC 和移动推广、百度 LBS、糯米团购、直达号等构建新的移动产品生态体系。在打通生活服务、外卖、电影等高频 O2O 服务应用的基础上，百度将自己旗下的资源进行无缝整合。借助百度地图、手机百度、百度手机助手三大入口形成巨大流量供应，构建基于百度钱包的移动支付场景，形成完整的O2O生态布局。

目前，百度的O2O产品和应用已经覆盖广泛。在打车领域，2015年5月，百度将自己的资源和Uber进行了整合对接，在百度地图中开放Uber提供的叫车功能，同时，百度投资51用车和天天用车，切入拼车的细分市场。在外卖领域，百度提供丰富的外卖服务入口，吸引用户反复体验，形成入口依赖。在娱乐领域，百度投资星美影城，并通过百度地图、百度移动支付、在线众筹等与星美影城无缝对接。除以上本地生活高频应用外，百度的O2O布局还将覆盖医疗、房产、教育等领域。2015年，百度先后战略投资e袋洗、蜜芽、中粮我买网等，用去哪儿完成与携程的股权置换，并与中信银行合作成立直销银行"百信"，与安联保险和高瓴资本联合发起成立新的互联网保险公司"百安"等。百度正从出行、餐饮、电商、上门服务、支付、互联网金融等各方面一步步扎实推进O2O大战略布局。

4. 百度大脑布局人工智能

2015年，百度积极推进百度大脑项目，提前布局人工智能领域，推动万物互联和万物智能（见图3）。百度除了将人工智能应用于自身搜索、O2O、地图、无人驾驶、百度医生、度秘等产品，还以平台化方式将人工智能的技术、资源等能力开发出来，搭建高效对接全社会智力、技术、计算资源和各行各业服务的开放大平台，构筑全社会共同参与的智能时代新生态。百度在2015年世界大会上推出为用户提供秘书化搜索服务的机器人助理度秘，其在广泛索引真实世界的服务和信息的基础上，依托百度强大的搜索及智能交互技术，通过人工智能，用机器不断学习和替代人的行为，媲美专职秘书，为用户提供各种优质服务。目前，度秘已在餐饮、电影、宠物三个场景提供秘书化服务，很快将延伸到美甲、代驾、教育、医疗、金融等其他行业中。

与此同时，百度积极利用"互联网＋"、人工智能、车联网技术，推动其在交通出行领域的布局。百度以其交通大脑为支撑，利用数据优势，重点打造地图平台，已成为超过3亿用户的出行帮手，市场份额达70%以上。2015年12月，百度无人驾驶车国内首次实现城市、环路及高速道路混合路况下的全自动驾驶。

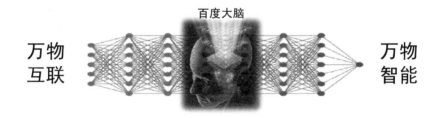

图3　人工智能技术重塑未来——百度大脑

B.20

联发科

付万琳*

　　联发科成立于 1997 年，总部位于中国台湾，是全球前十大和亚洲第一大的 IC 设计公司。联发科提供创新的芯片系统整合解决方案，包括光储存、数字家庭（含高清数字电视、DVD 播放器及蓝光播放器）及移动通信等产品，业务覆盖信息科技（IT）、消费性电子及无线通信等诸多领域（见图 1），并在中国大陆、美国、日本、英国、瑞典及阿联酋等国家和地区设有销售及研发机构。

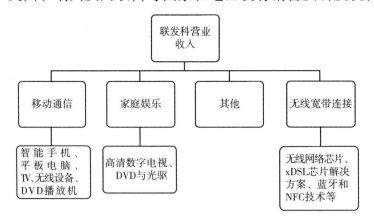

图 1　联发科公司营业收入来源

资料来源：由工业和信息化部电子科学技术情报研究所整理。

---

　　* 付万琳，工程师，经济学硕士，专注于人工智能等领域研究。

1. 营收环比增长，利润却大幅下降

得益于在中国市场占据的优势、高阶产品组合提升以及在4G芯片领域出货量的增长，联发科在2015年各季度的营收环比呈现上升趋势（见图2）。9月份的业绩创下近6个月新高，带动第三季度营收达17.5亿美元，超越之前的营收目标，环比增长23%。第四季度市场需求相对稳定，预计营收与上一季度持平或略微增长6%。联发科第三季度3G、4G合计双核芯片出货比重占25%~30%，四核芯片占45%~50%，八核芯片则占20%，官方预估，联发科第四季度八核芯片出货比重将高于25%，双核芯片持续下降，在产品结构上对获利有所助益。相对于高通在2015年下半年的表现，业界对联发科的营收业绩评价相对积极、乐观。

与此同时，联发科出现净利润大幅下滑。2015年第三季度净利润同比下降41%。一方面，由于营收增长带来相关费用的增加，

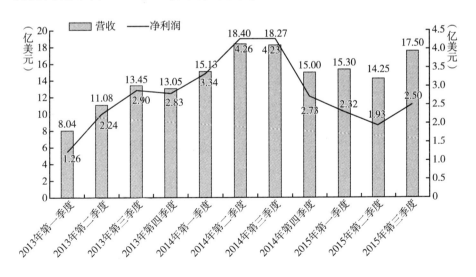

图2　2013~2015年联发科季度营收与利润对比

资料来源：由工业和信息化部电子科学技术情报研究所整理。

以及研发人才、技术投资的增加，联发科的净利润降幅明显。另一方面，为提升手机芯片销售业绩，联发科与竞争对手展开价格战，使得手机芯片利润空间降低。据业内人士反映，3G 芯片价格竞争持续激烈，与第三季度相比，第四季度的毛利率将持续下降。

2. 4G 出货量赶超高通

2014 年被誉为中国内地移动通信市场的 4G 元年，智能手机芯片提供商开始在 4G 领域抢占市场份额。2015 年 4G 用户数正以惊人速度快速成长，TrendForce 旗下拓墣产业研究所预估，2015 年整体 4G 智能手机市场规模将达 4.5 亿台。三大运营商 60% ~ 70% 的 3G 用户将转向 4G，这将导致手机厂商加速采购联发科芯片。

市场研究公司 Strategy Analytics 的资料显示，2014 年第三季度高通在 LTE 芯片市场上的份额为 80% 左右。联发科还无力和高通抗衡，其 2014 年的 4G 芯片出货量仅为 3000 万套，占其芯片出货总数的 20%。2015 年，联发科的 4G 芯片出货量突破 1 亿套，占整体出货量的一半，在中国 4G 芯片的市场份额有望提升到 40% 以上。第四季度联发科手机芯片出货量将达到 0.95 亿 ~ 1.05 亿套，其中一大半是 LTE 芯片产品。联发科已经发布多款新一代 4G 芯片产品，包括 Helio P10、Helio X10、Helio X20，其中 Helio X10 已经大量上市，受到很多手机厂商的青睐。

3. 继续扩张面临重重隐忧

分析数据指出，随着新兴市场的高速增长和中国市场的增速放缓，预计到 2019 年，中国在全球 4G 手机市场的份额将从 33% 下滑至 23% 左右。联发科看到印度等新兴市场 4G 手机的早期市场潜力，积极拓展海外市场。然而，实现进一步海外扩张，联发科还将面临各种困难。

据市调公司 Comscore 的数据，欧美市场占据市场份额前列的是三星、苹果。即便是中国手机品牌发展较好的德国和西班牙，其市场份额也不超过 5%。苹果和三星一般会采用自己的处理器和高通的基带，在未来采用联发科芯片的可能性较低。中国拥有较强专利优势的华为、中兴等，已经拥有或正在加紧研发自己的芯片。

即使是印度这些对知识产权管理不严格的地区也在加强知识产权管理，小米手机在印度市场的遭遇表明，高通拥有的专利优势有助于他们进军海外市场。中国对高通的反垄断调查已经结束，虽然对中国市场上高通反向授权的话语权受到一定抑制，但其海外市场并未受到影响。缺乏专利的中国手机企业很有可能会继续选择使用高通的反向授权保护。

B.21

三　星

付万琳*

　　三星集团是韩国最大的企业集团，包括 85 个下属公司及其他若干法人机构，在近 70 个国家和地区建立了近 300 个法人及办事处，员工总数 20 余万人，业务涉及电子、金融、机械、化学等众多领域。三星电子作为三星集团旗下规模最大的子公司，也是韩国最大的电子工业企业，目前主要从事包括智能手机在内的通信设备、成像级显示设备、存储设备、元器件的生产和销售、系统及解决方案等业务（见图 1）。三星电子的移动互联网业务主要集中于芯片和终端方面，同时也自主研发和推广 BADA 操作系统。根据 TrendForce 发布的 2015 年度全球智能手机厂商排行，2015 年三星手机出货量仍位居全球第一。

　　1. 利润增长，出现转机

　　三星电子在经历了连续 8 个季度的利润下滑之后，在 2015 年第三季度实现利润增长。根据其公布的第三季度财报，公司销售收入为 51.7 万亿韩元（相当于 465 亿美元）高于 50.7 万亿韩元的预期值。运营利润为 7.4 万亿韩元（相当于 64.6 亿美元），高于十月

---

　　* 付万琳，工程师，经济学硕士，专注于人工智能等领域研究。

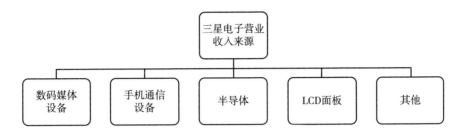

图 1 三星电子公司营业收入来源

资料来源：由工业和信息化部电子科学技术情报研究所整理。

初发布的 7.3 万亿韩元的预期值。而上年同期三星的运营利润为 4.1 万亿韩元，同比增长 80.5%。针对此前关于三星智能手机业务的负面评论，三星在 2015 年将出现转机。

根据市场研究机构 IDC 公布的 2015 年第三季度全球手机出货量数据，前三名分别是三星、苹果和华为。三星名列第一，并且出货量和市场占有率已经接近苹果的两倍。数据显示，2015 第三季度，三星、苹果和华为分别以 8450 万台、4800 万台和 2650 万台依次名列前三，市场份额分别占到全球手机市场的 23.8%、13.5% 和 7.5%。根据路透社的报道，三星在第三季度利润增长的主要原因是智能手机业务的止跌回稳以及在半导体和显示器业务方面的稳定增长。此外，三星电子移动事业部（除了手机之外也包括通信设备业务）在第三季度的利润达到 2.4 万亿韩元（相当于 21.6 亿美元），高于上年同期的 1.75 万亿韩元，利润增幅为 37%。三星表示将于 2016 年完成一项价值 11.3 万亿韩元（相当于 9.87 亿美元）的股东回报计划，这意味着三星估价将会提升。

2. 芯片销量提升业绩

在 Galaxy 智能手机难以抗衡 iPhone 和其他低端设备的情况下，

三星愈加依赖芯片和显示屏业务来提振利润。据韩联社报道，三星2015年持续在半导体业务部门加大投资，除了制造自家的内存芯片、闪存芯片和应用处理器之外，三星也是包括 iPhone 在内的众多设备的核心应用程序处理器的提供商。

面对在智能手机市场的挑战，三星通过提升芯片业务部分抵消了业绩影响。三星新款 Galaxy S6 和 S6 Edge 智能手机均搭载自家新一代芯片 Exynos，并且 Exynos 芯片的收益将计入三星芯片部门的业绩。在旗舰机型上采用自主生产的芯片，三星在减少高通的订单的同时，提升了三星电子在芯片部门的业绩。三星电子的芯片业务在2015年第二季度的净利润达到3.4万亿韩元，高于上年同期的1.86万亿韩元，增长了82.8%，已取代移动业务成为最大的利润来源，创2010年第三季度（3.42万亿韩元）后单季最高值。在第三季度，来自芯片业务的利润又创新高，达到3.66万亿韩元，环比增加7%。2015年，三星在芯片业务方面出色的表现和移动业务的利润增长提振了外界对三星的信心。

3. 发力物联网，拓展新业务

为应对未来经济的不确定性和智能手机业务放缓，确保公司获得可持续性的竞争力，实现业绩持续增长，三星在2015年初便强调全面推动物联网、智能家居与智能医疗业务的重要性，与英特尔、高通等其他品牌在芯片领域展开了直接竞争。

三星已推出用于物联网设备的新芯片 Artik，实现从可穿戴产品到智能家电的移动连接。Artik 包括三款型号，分别具备不同的处理、存储以及无线通信能力，可用在各种移动设备以及家用电器上。Artik 不只面向三星自己的家电产品，所有的物联网设备公司

都可以使用 Artik 芯片。在收购美国智能物联网软件创业公司
SmartThings 之后，消费者可以利用 SmartThings 的技术，通过手机、
智能手表或者其他设备来控制家电。此举也被认为是三星进军智能
家居的关键。三星电子已制定物联网时间表，致力于构建一个开放
的生态系统，计划到 2017 年，所有的三星电视将成为物联网设备，
五年内所有三星硬件设备均支持物联网。

B.22

联　想

付万琳*

联想集团成立于 1984 年，由中科院计算所投资，主要生产个人电脑、平板电脑、智能手机、智能电视、服务器等商品（见图1）。从 1996 年开始，联想电脑销量一直居中国国内市场首位。2004 年，联想集团收购 IBM PC（Personal computer，个人电脑）事业部；2013 年，联想电脑销售量升居世界第一，成为全球最大的 PC 生产厂商；2014 年 10 月，联想集团收购摩托罗拉移动。自 2014 年 4 月 1 日起，联想集团成立了四个新的业务集团，分别是 PC 业务集团、移动业务集团、企业级业务集团、云服务业务集团。

1. 重组计划致6年来首次出现季度亏损

联想集团 2015 年第一季度营收 107 亿美元，同比增长 3%（包括 System X 及摩托罗拉移动业绩），净利润同比下跌 51% 至 2.62 亿美元。联想集团第二季度营收 122 亿美元，净亏损 7.14 亿美元，出现了 6 年来单季度的首次亏损（见图2），此次亏损主要源于重组计划的实施。2014 年第四季度，联想披露了裁员 3200 人

---

* 付万琳，工程师，经济学硕士，专注于人工智能等领域研究。

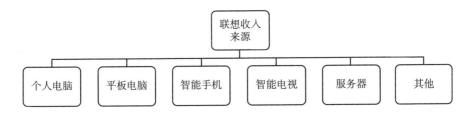

图1　联想公司营业收入来源

资料来源：由工业和信息化部电子科学技术情报研究所整理。

和业务重组计划，该计划产生一次性费用9.23亿美元，包括重组费用5.99亿美元及清除智能手机库存费用3.24亿美元。

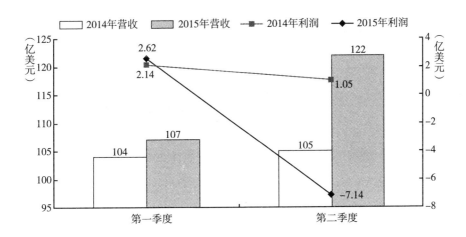

图2　联想2014年、2015年季度营收对比

资料来源：由工业和信息化部电子科学技术情报研究所整理。

　　从主营业务来看，2015年第一季度，联想集团个人电脑业务收入为72.82亿美元，占联想集团整体收入约68%，同比下降13%；移动业务收入同比上升33%至21.14亿美元，占联想集团整体收入约20%；企业级业务收入为10.77亿美元，占联想集团总收入约10%，在本年度同期加入System X业务的情况下，同比增长超过 5.8 倍；生态系统、云服务及其他产品的收入为 2.43 亿美元，占联想集团整体收入约 2%，其中已包括早前的收购项目中的消费电子业务（见图 3）。

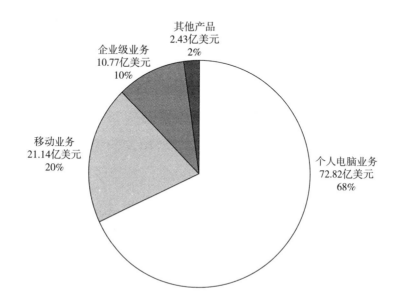

图 3　2015 年第一季度联想主营业务营收情况

资料来源：由工业和信息化部电子科学技术情报研究所整理。

2. 中国区营业收入大幅降低

从各区概览看，2015 年第二季度，联想中国区综合营业额同比 2014 年减少 12% 至 33 亿美元，占集团全球总营业额的 27%，经营利润率同比减少 1.7 个百分点至 4.1%，这均因移动业务在中国市场面对激烈竞争、削减电信补贴以及网上购物模式日趋流行所致。在亚太区，联想的综合营业额达 20 亿美元，占集团全球总营业额的 17%。受摩托罗拉业务的影响，经营利润率下降 3.3 个百分点至 1.1%。在欧洲、中东及非洲区，联想的第二季度综合营业额比上年上升 6% 至 32 亿美元，受汇率波动及个人电脑市场销量放缓所影响，欧洲、中东及非洲区营业额占联想全球总营业额的 26%，经营利润率为 0.7%，比上年下降 3.1 个百分点。在美洲区，联想在第二季度的综合营业额受到两项收购入账所带动，同比上升 70% 至约 37 亿美元，占联想全球总营业额的 30%（见图 4）。

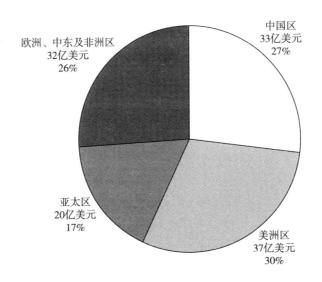

图 4　2015 年第二季度联想各区域营收情况

资料来源：由工业和信息化部电子科学技术情报研究所整理。

3. 手机业务出现亏损，市场差距进一步拉大

2014 年，联想以 29 亿元美元收购摩托罗拉移动后，手机业务整合完成并未改善其移动业务经营状况。据联想集团财报显示，截止到 2015 年 6 月 30 日，联想移动业务总税前亏损 2.92 亿美元。

2015 年第一季度，联想智能手机总销量 1620 万部，在全球智能手机市场的份额同比下滑 0.5 个百分点至 4.7%，其中摩托罗拉智能手机总销量 590 万部，同比下跌 31%。

市场研究机构 IDC 的最新数据显示，2015 年第三季度，联想智能手机销量为 1880 万部，约占全球市场 5.4% 的份额，未能进入全球前三位。华为出货量同比增长 60.9%，达到 2650 万部，约占全球市场 7.5% 的份额，联想与华为（第三名）的差距进一步扩大。

这里面既有智能手机市场大环境不好的外因，也有其自身品牌战略失误市场定位不清等内因。首先，根据市调机构 TrendForce 的最新报告，2015 年全球智能手机出货量 12.93 亿部，年增长 10.3%。中国手机企业成为 2015 年的最大亮点，其中华为以 8.4% 的市场份额取代了联想成为全球智能手机第三名，仅次于三星和苹果，联想仅以 5.4% 的市场份额屈居于排名第四的小米之后。其次，与其他品牌相比较而言，联想手机产品无精品、缺乏清晰的定位，联想每款手机在市场上均没有明显的用户标签。最后，无法跟上互联网营销的节奏。联想手机业务一度以低成本、走数量的战术，凭借运营商渠道崛起，其手机业务在运营商市场占有约 80% 的比例。随着三大运营商每年几百亿元终端补贴消失和互联网营销渠道兴起，联想手机营销情况每况愈下。

B.23
华　为

付万琳*

　　华为是一家从事信息与通信解决方案的供应商，业务范围涉及电信网络、企业网络、消费者业务和云计算等（见图1），其中电信网络产品主要包括通信网络中的交换网络、传输网络、无线及有线固定介入网络和数据通信网络及无线终端产品。经过十多年的发展，华为已经初步成长为一个全球化公司，在海外设立了20多个地区部、100多个分支机构，在中国、美国、印度、瑞典、俄罗斯等地设立了17个研究所，并在全球设立了36个培训中心，大力施行全球化战略，国际市场已成为华为销售的主要市场。为适应信息行业正在发生的变化，华为做出面向客户的战略调整，从电信运营商网络向企业业务、消费者领域延伸，协同发展"云－管－端"业务，积极提供大容量和智能化的信息管道、丰富多彩的智能终端以及新一代业务平台和应用。

　　1. 营收与市场份额双增长

　　随着竞争的加剧，中国手机市场重营销、轻创新的情况有所变化。其中，华为凭借之前的正确战略和取得的市场地位及海外市场

＊ 付万琳，工程师，经济学硕士，专注于人工智能等领域研究。

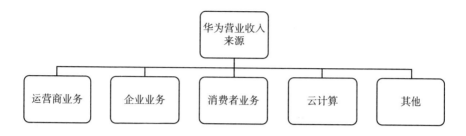

图1 华为公司营业收入来源

资料来源：由工业和信息化部电子科学技术情报研究所整理。

布局，实现了市场份额和营收的双增长。根据公司财报，2014年华为实现全球销售收入2882亿元（465亿美元），同比增长20.6%；净利润279亿元（45亿美元），同比增长32.7%（见图2）。2015年上半年，华为实现销售收入1759亿元（约合283亿美元），同比增长30%，营业利润率18%。通过全球化均衡布局，华为在运营商业务、企业业务和消费者业务三大业务领域获得了稳定健康的增长。

全球市场研究公司GFK的数据显示，2015年1~7月华为稳居中国智能手机市场份额第一位（见图3）。而在IDC的报告中，2015年第三季度华为的智能手机出货量为2650万部，同比增幅高达60.9%。华为以8.9%的市场份额位居全球手机市场第三，增速在排名前五的厂商中最快，达到48.1%，与排名第二的苹果的差距不断缩小。TrendForce表示，2015年第三季度华为的手机出货量表现高于预期，全年最终出货量可能触及1.1亿台。

2.高端市场战略转型

得益于品牌效应和影响力的提升，2015年华为中高端手机销量增幅十分显著。上半年数据显示，华为中高端机型出货量占比

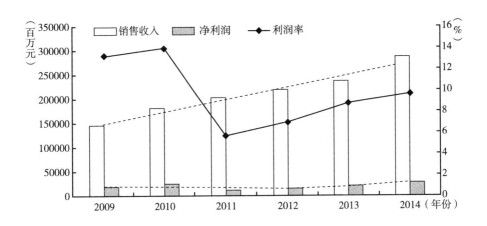

图2　2009～2014年华为营收对比

资料来源：由工业和信息化部电子科学技术情报研究所整理。

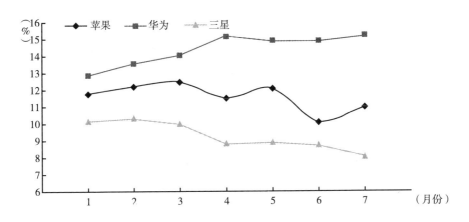

图3　2015年1～7月中国智能手机市场份额变化趋势

资料来：GFK。

提升至31%，而上年同期仅为18%。中高端机型销量同比增加70%，收入同比增长388%，贡献利润占比提升至44%。其中Mate7销量突破500万台，P7累计销量超过700万台。自2014年下半年开始，华为便开始专心发展高端品系。凭借G7、P7、

Mate7 等一系列精品的热销,华为提高了本土高端机型的占有率。不仅如此,2015 新上市的 P8 和 P8max 在欧洲等重点区域市场的销量也增速迅猛。

华为在专利技术以及自主海思芯片研发上的领先,使其在技术研发、产品设计和产业链控制等方面的投入与实力得到业界肯定。基于在产品设计、软件、硬件和通信方面的优势,以及在品牌、渠道、零售、服务领域具备的一整套能力,华为成为中国唯一进入 Interbrand 和 BrandZ 两大排行榜的中国大陆企业,分别登上 Interbrand "2014 年全球最具价值品牌榜 TOP100 品牌" 和 BrandZ "2015 年全球最具价值品牌百强榜"。

3. 云转型助力敏捷政务

企业业务作为华为三大业务之一,在 2015 年增势强劲。2015 上半年数据显示,华为企业业务全球收入增幅超过 40%。而政府业务一直是华为在企业市场最重视且最具标杆意义的领域之一。目前各国政府都在为数字化转型进行战略布局,通过采用云计算等新技术重构 IT 系统,希望在数字化转型进程中保持领先。IDC 认为,建立敏捷的 IT 基础设施是所有新 IT 支持服务型政府的基础。只有敏捷的 IT 基础设施,才能支持政府数据中心未来的发展趋势。

在此背景下,华为以"精简 IT,敏捷政务"为主题,向政府及其他公共服务领域传递最新云理念,提供政务云解决方案。华为正式发布的数据服务平台 OceanStor DJ、云操作系统 FusionSphere 6.0、FusionInsight 大数据解决方案,以及 Dorado 全闪存阵列和 FusionCube 一体机等,分别应用于公共安全、税务和海关等多个政府部门的服务领域。在相关试点城市，华为的分布式云数据中心已成为城市规划和设计的重要依据。不仅满足在线业务审批、建设过程管理、经济运营分析等业务需求，而且在后台实现资源统一调度、便捷管理与弹性扩容。华为试图在云计算解决方案的架构、软件、硬件、服务等各个层次，帮助政府客户成功实施云转型。

B.24

小　米

付万琳*

　　小米公司成立于2010年，专注于智能产品自主研发，"为发烧而生"是小米的产品理念。小米公司营业收入来源主要包括软件服务、周边产品、手机等硬件销售等（见图1）。小米公司首创了手机互联网运营模式，利用互联网模式开发手机操作系统，发烧友参与开发改进，并通过互联网营销和销售小米的产品。与此同时，小米积极打造生态链条，推动全行业、全产业链实现共赢。

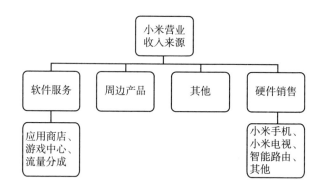

图1　小米公司营业收入来源

资料来源：由工业和信息化部电子科学技术情报研究所整理。

1.国内市场趋于饱和，手机销量不及预期

据中国手机行业统计数据，2014年，中国智能手机市场萎缩

---

　　* 付万琳，工程师，经济学硕士，专注于人工智能等领域研究。

了 21%。IDC 的统计数据显示，2015 年一季度中国智能手机消费市场继续出现下降，只有华为、小米、苹果寥寥几家取得了增长，而三星与联想都出现了下降。截至 2015 年 6 月 30 日，小米上半年手机销售量为 3470 万台。在中国智能手机市场整体趋于萎缩的情况下，小米手机上半年的业绩同比上年增长 33%。随着国内智能手机市场趋于饱和，小米的销售目标继续承压。

在 2015 年初，小米制定的手机销量目标是 1 亿部，上半年 3470 万的销售量距离全年 1 亿部还有相当的距离。为此，小米将 2015 年的全年销售目标调整为 8000 万部。市场研究机构 Canalys 关于 2015 年第三季度中国市场智能机出货量统计数据显示，小米从冠军宝座跌落，而华为首次登顶。华为 2015 年第三季度出货量同比增长 81%，而小米同期出货量则同比下降。

为应对市场瓶颈，小米采取一系列积极措施。2014 年底，小米投资联芯科技，获得了 lc1860 芯片，这款超低价芯片帮助小米推出 499 元的小米 2A，杀入 500 元的价位。同时，在小米 Note 上使用骁龙高配版本，去冲击 3000 元的高端市场。国际化方面，小米在试水中国台湾后主攻潜力巨大的印度市场，推出印度专用机型小米 4i。为长远发展，小米还需进一步突破当前困局。

2. 市场竞争加剧，营销模式转变

小米在过去几年基本采用"饥饿营销"的产品销售策略。面对智能手机市场的萎缩和行业竞争的加剧，小米开始转变其营销模式。变身常态电商是小米在 2015 年的重要转型，即朝电商互联网方向发展。

作为小米的电商运营部门，小米网也伴随公司整体快速成长，如今已是中国第三大电商、消费电子垂直领域的领军平台。小米在依靠原有小米网模式和运营商渠道之外，还相继和天猫、京东、苏宁易购等电商企业展开合作，由于这些渠道与小米的用户重叠度并不高，因而成为小米手机销量的又一增量。小米还有一个增长点是在线下开更多的体验店，结合小米智能硬件和智能家居产品提升销量和体验。

为完成这一转型，小米需要满足几个前提。第一，小米要有足够强的供应链支持，在新品发布后马上有足够的货源出售，且产品质量和品质能够有足够保证，否则一旦小米手机出现问题，很容易引发连锁反应。第二，转型后的模式结合线上线下，且向传统手机厂商的营销模式靠拢。小米将面临新的库存压力，公司需要在不断优化线上渠道和线下渠道占比的同时，将库存风险控制在相对合理的水平。

3. 继续完善市场导向的产品生态链

通过横向拓宽产业链和纵向垂直布局，小米正在围绕智能手机构建市场导向的小米生态系统。目前，已经囊括了 50 多家企业的小米智能硬件生态链，涉足各行各业，其中部分企业已取得不俗的成绩。截至 2015 年 3 月，小米活塞耳机的销量已经突破 1000 万只。小米移动电源 2014 年全年营业额超过 10 亿元。截至 2015 年 9 月，小米手环销量超过 1000 万个。投资代步工具开发商纳恩博是小米 2015 年的典型代表，小米助其全资收购平衡车公司 Segway，并于 9 月 19 日发布了收购 Segway 后的首款产品九号平衡车。小米将围绕手机的生态系统布局视为公司的未来，希望通过大数据挖掘向用户提供更多附加值。

目前，小米生态链还在继续完善，但在投资速度上，小米相比 2014 年脚步明显放缓。小米期望选择对的方向和成熟的公司，而不再关注具体投资企业的数目。与此同时，小米的投资主旋律也从孵化转变为助推。小米开始进入投资中型公司的常态化阶段。

B.25

滴滴出行

付万琳*

滴滴出行于2012年6月上线推广，经过三年多的发展，滴滴出行已从出租车打车软件，成长为涵盖出租车、专车、快车、顺风车、代驾及大巴等多项业务在内的一站式出行平台（见图1）。

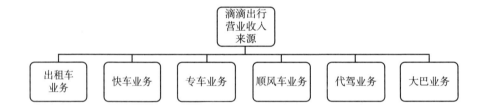

图1 滴滴出行营业收入来源

资料来源：由工业和信息化部电子科学技术情报研究所整理。

自成立以来，滴滴出行迅速渗透市场，在较短时间内积累了广大的用户群，成为中国打车APP中的佼佼者。滴滴打车的诞生更是改变了传统打车市场格局，颠覆了路边拦车概念，利用移动互联网的特点，将线上与线下相融合，从打车初始阶段到下车使用线上支付车费，画出一个乘客与司机紧密相连的O2O完美闭环，最大

---

* 付万琳，工程师，经济学硕士，专注于人工智能等领域研究。

限度优化乘客打车体验，改变传统出租车司机等客方式。滴滴出行已经获得金沙江、腾讯产业基金等机构投资。

表1　滴滴出行和快的打车融资情况

	时间	融资额	投资机构		时间	融资额	投资机构
滴滴出行	2012年9月	300万美元	金沙江创投	快的打车	2013年4月	1000万美元	阿里资本、经纬创投
	2013年4月	1500万美元	腾讯产业共赢基金		2014年4月	1亿美元	阿里巴巴、经纬中国、一嗨租车
	2014年1月	1亿美元	中信产业基金和腾讯产业共赢基金		2014年4月	8000万美元	老虎基金、阿里资本
	2014年12月	7亿美元	中投公司、淡马锡、腾讯产业共赢基金		2015年1月	6亿美元	阿里巴巴、软银中国、老虎基金

资料来源：由工业和信息化部电子科学技术情报研究所整理。

1. 强强联合奠定垄断地位

2015年2月，滴滴打车与快的打车宣布实现战略合并。滴滴出行CEO程维及快的打车CEO吕传伟同时担任联合CEO。两家公司在人员架构上保持不变，业务继续平行发展，并将保留各自的品牌和业务独立性。双方合并后，将集中两家公司的优势技术、产品、人才，产生协同效应，提升整体竞争力，巩固双方市场地位。合并之后的滴滴出行已经连续完成两轮巨额融资，共计30多亿美元，新公司估值达165亿美元。易观智库千帆监测数据显示，2015年第三季度，滴滴出行以83.2%的比例占据中国专车服务活跃用户覆盖率的前一名。并且以199个城市位列专车服务城市覆盖数首位。10月8日滴滴出行获得上海市交通委颁发的网络约租车平台经营资格许可，这也是全国首张专车运营牌照，意味着滴滴出行作为第一个网络约租车平台正式获得合法身份。

2. 移动出行市场订单总量全球最大

滴滴出行公布的全年订单数字显示，2015年，滴滴出行全平台订单总量达到14.3亿单，相当于美国2014年所有出租车订单量（约8亿）的近两倍，是优步全球6年累计完成订单数的1.4倍。2015年12月，滴滴平台总订单量突破2亿单，超过了美国最大出行市场纽约全年的移动出行总订单量。滴滴注册用户数已超过2.5亿。CNNIC发布的《专车市场发展研究专题报告》显示，滴滴专车占据了国内专车行业87.2%的市场份额，已成为中国乃至全球最大的移动出行平台。

3. 城市交通O2O生态平台搭建完整

滴滴出行致力于搭建完善的城市交通O2O生态平台，截至2015年底，滴滴出行旗下专车服务从最初的单一领域服务扩张成为完整城市交通O2O生态平台，并在中国市场占据了领先地位。目前，滴滴出行已经在互联网出租车、专车、拼车、代驾、大巴等领域相继发力。而滴滴车站的部署在将在未来实现服务于滴滴出行旗下其他产品线，并通过对附近商圈及线下服务资源的整合，打造以出行为入口辐射全行业的O2O用户资源变现模式。与此同时，滴滴出行还拥有微信＋支付宝两大入口和背后的AT的支持，搭建了完整的城市交通O2O生态平台。

附　录

Appendixes

B.26
2015年全球软件企业500强排名（节选前100强）

排名	公司	软件服务收入（百万美元）	软件服务收入增长率(%)	企业总收入（百万美元）	企业收入增长率(%)	软件业务领域
1	IBM	72560	-6.34	92793	-5.67	中间件/应用服务器/网络服务器
2	Microsoft Corporation	60830	3.62	86833	11.54	操作系统
3	Oracle Corporation	32903	3.36	38275	2.95	数据库/数据管理

续表

排名	公司	软件服务收入（百万美元）	软件服务收入增长率(%)	企业总收入（百万美元）	企业收入增长率(%)	软件业务领域
4	Accenture Plc.	30002.391	5.04	31874.680	4.87	系统集成服务
5	Hewlett-Packard Company	26331	-6.24	111454	-0.75	系统集成服务
6	EMC Corporation	24440	5.25	24440	5.25	信息管理
7	SAP	23343.840	4.55	23343.840	4.55	企业应用/数据集成
8	Apple Inc.	18063	12.54	182795	6.95	操作系统
9	Ericsson	16127.910	-4.14	33331.121	-4.44	电信服务
10	Capgemini	14054.690	4.88	14054.690	4.88	系统集成服务
11	SYNNEX Corporation	13839.590	27.61	13839.590	27.61	IT咨询/人力资源
12	Hitachi	13771	-7.89	19547	-9.57	基础设施/网络管理
13	Tata Consultancy	13580.350	17.81	13852.050	17.96	系统集成服务
14	NTT Data Corporation	13437.720	-14.70	13437.720	-14.70	系统集成服务
15	CSC	12998	-8.43	12998	-8.43	IT咨询/人力资源
16	Thomson Reuters	12600	0.45	12607	-0.75	信息管理
17	Atos S. A.	12031.760	5.18	12031.760	5.18	IT咨询/人力资源
18	Cognizant Technology Solutions Corporation	10262.680	16.05	10262.680	16.05	IT咨询/人力资源
19	CGI Group Inc.	9697.520	-2.38	9697.520	-2.38	外包服务
20	General Dynamics	9159	-10.80	30852	-0.25	垂直行业应用
21	Infosys Technologies	8322.080	12.70	8764.300	12.12	系统集成服务

续表

排名	公司	软件服务收入（百万美元）	软件服务收入增长率(%)	企业总收入（百万美元）	企业收入增长率(%)	软件业务领域
22	Lockheed Martin Corporation	7788	-6.92	45600	0.53	垂直行业应用
23	Xerox Corp.	7304	0.83	19540	-2.33	外包服务
24	Wipro Limited	7208.870	5.26	7208.870	5.26	外包服务
25	Symantec Corporation	6676	-3.33	6676	-3.33	安全工具/系统
26	FIS Global	6413.800	5.78	6413.800	5.78	金融应用
27	VMware Inc.	6035	15.90	6035	15.90	应用虚拟化
28	salesforce.com inc.	5373.590	32.00	5373.590	32.00	客户关系/呼叫中心管理
29	Leidos	5063	-12.02	5063	-12.02	系统集成服务
30	HCL Technologies Ltd.	5017.810	13.22	5349.830	13.35	外包服务
31	Juniper Networks Inc.	4627.100	-0.90	4627.100	-0.90	电信服务
32	Amadeus IT Group SA	4543.150	10.23	4543.150	10.23	垂直行业应用
33	Intuit, Inc.	4506	8.03	4506	8.03	金融应用
34	Avaya Inc.	4371	-4.52	4371	-4.52	电信服务
35	Fiserv, Inc.	4219	4.56	5066	5.23	金融应用
36	Adobe Systems Incorporated	4147.070	2.26	4147.070	2.26	外包服务
37	CA, Inc.	4126	-2.11	4515	-2.06	存储管理
38	Indra Sistemas S. A.	3905.350	0.92	3905.350	0.92	安全工具/系统

续表

排名	公司	软件服务收入（百万美元）	软件服务收入增长率（%）	企业总收入（百万美元）	企业收入增长率（%）	软件业务领域
39	Science Applications International Corporation	3835	-4.53	3885	-5.73	企业信息管理
40	Lexmark International Inc.	3710.500	1.17	3710.500	1.17	内容/文档管理
41	CACI International Inc.	3564.560	-3.19	3564.560	-3.19	信息管理
42	Amdocs, Inc.	3563.640	6.51	3563.640	6.51	电信服务
43	Unisys Corporation	3356.400	-2.90	3356.400	-2.90	信息管理
44	Cerner Corporation	3312.820	16.62	3402.700	16.90	医疗保健
45	Gemalto NV	3276.940	3.31	3276.940	3.31	安全工具/系统
46	McKesson Corporation	3183	5.29	137609	12.73	医疗保健
47	Citrix Systems Inc.	3142.860	7.69	3142.860	7.69	企业应用/数据集成
48	Tech Mahindra Limited	3126.010	148.53	3144.770	152.77	系统集成服务
49	SAS Institute Inc.	3072	2.50	3088	2.35	商业智能/分析
50	Dassault Systemes	3049.790	11.16	3049.790	11.16	工程
52	Convergys Corporation	2855.500	39.56	2855.500	39.56	电讯服务
51	BlackBerry	2933	-29.68	6813	-38.47	无线/移动
53	SunGard Data Systems Inc.	2809	1.74	2809	1.74	企业资源规划
54	Infor Pvt	2761.800	1.61	2761.800	1.61	企业资源规划
55	ARCHIBUS, Inc.	2739.570	17.68	2745.480	17.64	企业应用/数据集成

续表

排名	公司	软件服务收入（百万美元）	软件服务收入增长率（%）	企业总收入（百万美元）	企业收入增长率（%）	软件业务领域
56	Teradata Corporation	2732	1.49	2732	1.49	数据库/数据管理
57	IMS Health Holdings Inc.	2641	3.81	2641	3.81	卫生
58	Sabre Corporation	2631.420	4.27	2631.420	4.27	垂直行业应用
59	Groupe Steria SCA	2508.390	6.11	2508.390	6.11	IT 咨询/人力资源
60	NetApp Inc.	2381.200	6.30	6325.100	-0.12	存储管理
61	Insperity	2357.790	4.51	2357.790	4.51	商业进程管理
62	Autodesk, Inc.	2273.900	-1.66	2273.900	-1.66	工程
63	SCSK Corp.	2251.750	-14.08	2882.370	-14.51	系统集成服务
64	IHS Inc.	2230.790	21.20	2230.790	21.20	信息管理
65	Intel Corporation	2216	1.19	55870	6.00	安全工具/系统
66	Sage Software Inc.	2164.710	0.77	2164.710	0.77	金融管理
67	Synopsys, Inc.	2057.470	4.85	2057.470	4.85	工程
68	DST Systems, Inc.	2042	4.15	2749.300	3.41	信息管理
69	Itron, Inc.	1970.700	1.13	1970.700	1.13	垂直行业应用
70	Akamai Technologies Inc.	1963.870	24.46	1963.870	24.46	应用服务提供商/管理服务提供商
71	Nuance Communications Inc.	1923.450	88.05	1923.450	88.05	通信协同
72	MacDonald Dettwiler and Associates Ltd.	1900.920	7.67	1900.920	7.67	安全工具/系统

续表

排名	公司	软件服务收入（百万美元）	软件服务收入增长率(%)	企业总收入（百万美元）	企业收入增长率(%)	软件业务领域
73	ALTEN	1825.350	13.03	1825.350	13.03	IT咨询/人力资源
74	Wincor Nixdorf	1822.830	8.57	3352.730	3.69	垂直行业应用
75	Rackspace Hosting Inc.	1794.360	16.91	1794.360	16.91	云计算管理/服务
76	Red Hat, Inc.	1789.490	16.61	1789.490	16.61	操作系统
77	ManTech International Corporation	1773.980	-23.21	1773.980	-23.21	安全工具/系统
78	Verisk Analytics, Inc.	1746.730	9.46	1746.730	9.46	金融应用
79	F5 Networks, Inc.	1732.050	16.93	1732.050	16.93	基础设施/网络管理
80	Open Text Corporation	1624.700	19.17	1624.700	19.17	内容/文件管理
81	Cadence Design Systems, Inc.	1580.930	15.55	1580.930	15.55	工程
82	Constellation Software Inc.	1530	41.29	1669.300	37.87	垂直行业应用
83	Check Point Software Technologies Ltd.	1495.820	7.30	1495.820	7.30	安全工具/系统
84	CoreLogic, Inc.	1405.040	0.05	1405.040	0.05	信息管理
85	PTC Inc.	1356.970	4.90	1356.970	4.90	工程
86	Sykes Enterprises, Incorporated	1327.520	5.07	1327.520	5.07	客户关系/呼叫中心管理
87	Asseco Poland S. A.	1304.780	-18.21	1488.180	-18.52	生命周期管理

续表

排名	公司	软件服务收入（百万美元）	软件服务收入增长率(%)	企业总收入（百万美元）	企业收入增长率(%)	软件业务领域
88	iGATE Corporation	1268.220	10.19	1268.220	10.19	IT 咨询/人力资源
89	Mentor Graphics Corporation	1156.370	6.21	1156.370	6.21	工程
90	Jack Henry & Associates, Inc.	1151.400	7.60	1210.050	7.14	金融应用
91	Software AG, Inc.	1139.470	-11.69	1140.320	-11.72	企业资源规划
92	Verint Systems Inc.	1128.440	24.37	1128.440	24.37	商务智能/分析
93	CDI Corporation	1122.970	3.23	1122.970	3.23	IT 咨询/人力资源
94	Trend Micro	1094.450	-1.90	1094.450	-1.90	安全工具/系统
95	Esri	1093.210	4.75	1110.490	4.36	地图/GIS/基于位置的服务
96	Northgate Information Solutions Limited	1066.430	-15.69	1066.430	-15.69	人力资源人力资源管理系统
97	Acxiom Corporation	1062.200	-0.19	1097.500	-0.17	商务智能/分析
98	Informatica Corporation	1047.950	10.52	1047.950	10.52	企业应用/数据集成
99	DH Corporation	1031.540	26.96	1031.540	26.96	金融应用
100	ACI Worldwide Inc.	1016.150	17.48	1016.150	17.48	金融应用

资料来源：Software Mazagine 2015。

B.27

2015年中国互联网企业100强排行榜

排名	公司名称
1	阿里巴巴集团
2	腾讯公司
3	百度公司
4	京东集团
5	奇虎360科技有限公司
6	搜狐公司
7	网易公司
8	新浪公司
9	携程计算机技术(上海)有限公司
10	北京搜房科技发展有限公司
11	鹏博士电信传媒集团股份有限公司
12	完美世界(北京)网络技术有限公司
13	优酷土豆公司
14	广州唯品会信息科技有限公司
15	金山软件有限公司
16	上海盛大网络发展有限公司
17	欢聚时代科技有限公司
18	小米科技有限责任公司
19	苏宁云商集团股份有限公司
20	易车公司
21	北京车之家信息技术有限公司
22	乐居控股有限责任公司
23	三七(互娱)上海科技有限公司
24	乐视网信息技术(北京)股份有限公司
25	四三九九网络股份有限公司
26	北京天盈九州网络技术有限公司
27	联动优势科技有限公司

排名	公司名称
28	网宿科技股份有限公司
29	世纪互联集团
30	百视通新媒体股份有限公司
31	北京五八信息技术有限公司
32	山景科创网络技术(北京)有限公司
33	前程无忧公司
34	东方财富信息股份有限公司
35	深圳市迅雷网络技术有限公司
36	新华网股份有限公司
37	人民网股份有限公司
38	第一视频集团有限公司
39	北京昆仑万维科技股份有限公司
40	广州多益网络科技有限公司
41	乐逗科技有限公司
42	上海大智慧股份有限公司
43	福建网龙计算机网络信息技术有限公司
44	聚美国际控股公司
45	智联招聘有限公司
46	深圳市捷旅国际旅行社有限公司
47	竞技世界(北京)网络技术有限公司
48	中国当当电子商务有限公司
49	上海陆家嘴国际金融资产交易市场股份有限公司
50	北京艺龙信息技术有限公司
51	北京掌趣科技股份有限公司
52	北京三快科技有限公司
53	人人贷商务顾问(北京)有限公司
54	游族网络股份有限公司
55	上海二三四五网络科技有限公司
56	杭州顺网科技股份有限公司
57	二六三网络通信股份有限公司

续表

排名	公司名称
58	广州摩拉网络科技有限公司
59	上海巨人网络科技有限公司
60	河南锐之旗信息技术有限公司
61	云游控股有限公司
62	慧聪网有限公司
63	浙江核新同花顺网络信息股份有限公司
64	北京暴风科技股份有限公司
65	博雅互动国际有限公司
66	上海起凡数字技术有限公司
67	天鸽互动控股有限公司
68	四川省艾普网络股份有限公司
69	北京亿玛在线科技有限公司
70	深圳市易讯天空网络技术有限公司
71	拓维信息系统股份有限公司
72	蓝港互动有限公司
73	佳缘国际有限公司
74	北京空中信使信息技术有限公司
75	苏州蜗牛数字科技股份有限公司
76	江苏三六五网络股份有限公司
77	广州百田信息科技有限公司
78	正保远程教育控股有限公司
79	湖南快乐阳光互动娱乐传媒有限公司
80	国美在线电子商务有限公司
81	联众国际控股有限公司
82	科通芯城集团
83	中国数码信息有限公司
84	炫彩互动网络科技有限公司(中国电信游戏基地)
85	中国金融在线有限公司
86	斯凯网络科技有限公司
87	淘米控股有限公司

续表

排名	公司名称
88	黑龙江龙采科技集团有限责任公司
89	焦点科技股份有限公司
90	上海帝联信息科技股份有限公司
91	上海东方网股份有限公司
92	上海汉涛信息咨询有限公司
93	厦门三五互联科技股份有限公司
94	广州市久邦数码科技有限公司
95	深圳中青宝互动网络股份有限公司
96	北京漫游谷信息技术有限公司
97	北京光宇在线科技有限责任公司
98	湖南竞网智赢网络技术有限公司
99	上海钢联电子商务股份有限公司
100	天极传媒集团

资料来源：工业和信息化部。

B.28

《华尔街日报》"十亿美元创业俱乐部"
企业名单

序号	公司名称	最新估值（亿美元）	总股本金（亿美元）	上一轮融资时间	领域	国别
1	Uber	51.0	7.4	2015/8	用车	美国
2	Xiaomi	46.0	1.4	2014/12	终端	中国
3	Airbnb	25.5	2.3	2015/6	租房	美国
4	Palantir	20.0	1.9	2015/10	大数据	美国
5	Meituan-Dianping	18.3	3.3	2016/1	团购点评	中国
6	Snapchat	16.4	1.2	2015/3	社交	美国
7	Didi Kuaidi	16.0	4.0	2015/9	用车	中国
8	Flipkart	15.0	3.0	2015/4	电商	印度
9	SpaceX	12.0	1.1	2015/1	火箭	美国
10	Pinterest	11.0	1.3	2015/2	社交	美国
11	Dropbox	10.0	607	2014/1	存储	美国
12	WeWork	10.0	969	2015/1	联合办公场地	美国
13	Lufax	9.6	488	2015/3	金融	中国
14	Theranos	9.0	750	2014/2	医疗	美国
15	Spotify	8.5	1.0	2015/4	音乐	瑞典
16	DJI	8.0	105	2015/5	飞行器	中国
17	Zhong An Online	8.0	934	2015/6	保险	中国
18	UberChina	7.0	1.2	2016/1	用车	中国
19	Lyft	5.5	1.4	2016/1	电商	美国
20	Stripe	5.0	290	2015/7	支付	美国

续表

序号	公司名称	最新估值（亿美元）	总股本金（亿美元）	上一轮融资时间	领域	国别
21	Ola Cabs（ANI Technologies）	5.0	903	2015/9	用车	印度
22	Snapdeal	5.0	911	2015/8	电商	印度
23	Stemcentrx	5.0	250	2015/9	生物	美国
24	MagicLeap	4.5	1.4	2016/2	虚拟现实	美国
25	Zenefits	4.5	596	2015/3	人力资源	美国
26	Cloudera	4.1	670	2014/3	大数据	美国
27	SoFi	4.0	1.4	2015/8	助学贷款	美国
28	CreditKarma	3.5	369	2015/6	信用管理	美国
29	Tanium	3.5	262	2015/9	网络安全管理	美国
30	Global Fashion Group	3.4	1.5	2015/7	电商	卢森堡
31	Ucar	3.4	800	2015/9	用车	中国
32	Delivery Hero	3.1	1.3	2015/6	餐饮	德国
33	VANCL	3.0	512	2011/12	服装电商	中国
34	Fanatics	3.0	620	2015/8	服装电商	美国
35	DocuSign	3.0	515	2015/4	安全	美国
36	Moderna	3.0	675	2015/1	生物科技	美国
37	Wish（ContcxtLogic）	3.0	692	2015/5	电商	美国
38	Ele. me	3.0	1.1	2015/8	外卖	中国
39	HelloFresh	2.9	279	2015/9	电商	美国
40	BloomEnergy	2.9	1.2	2011/9	燃料电池	美国
41	Slack	2.8	315	2015/3	团队通信	美国
42	Powa	2.7	156	2014/11	零售电商	英国
43	InMobi	2.5	216	2014/12	移动广告	印度
44	Garena Online	2.5	N/A	2015/3	网络游戏	新加坡
45	Mozido	2.4	268	2014/10	移动支付	美国

续表

序号	公司名称	最新估值（亿美元）	总股本金（亿美元）	上一轮融资时间	领域	国别
46	Houzz	2.3	215	2014/10	图片资源	美国
47	Adyen	2.3	266	2015/9	电子支付	荷兰
48	TrendyGroup	2.0	200	2012/2	服装电商	中国
49	Nutanix	2.0	312	2014/8	云基础设施和虚拟化	美国
50	Coupang	2.0	1.4	2015/6	移动电子商务	韩国
51	Instacart	2.0	275	2014/12	配送	美国
52	Domo	2.0	459	2015/5	商业智能	美国
53	Blue Apron	2.0	193	2015/6	净菜电商	美国
54	Github	2.0	350	2015/7	社交编程及代码托管	美国
55	Avant	2.0	659	2015/10	浏览器	美国
56	AppDynamics	1.9	335	2015/12	应用性能管理	美国
57	Prosper Marketplace	1.9	360	2015/4	金融	美国
58	One97 communication	1.9	593	2015/3	手机增值服务	印度
59	Zocdoc	1.8	226	2015/8	医疗	美国
60	Intarcia	1.8	598	2014/3	医疗	美国
61	Honest Co.	1.7	222	2015/8	快销	美国
62	Oscar Health Insurance	1.7	353	2015/9	健康管理和保险	美国
28	Lakala. com	1.6	273	2015/6	电商	中国
29	MongoDB	1.6	311	2014/12	数据库	美国
	Grabtaxi	1.6	890	2015/8	用车	马来西亚
30	Oxford Nanopore	1.5	344	2015/7	生物科技	英国

续表

序号	公司名称	最新估值（亿美元）	总股本金（亿美元）	上一轮融资时间	领域	国别
31	Jawbone	1.5	681	2015/1	智能设备	美国
32	Inside Sales. co	1.5	199	2015/3	销售数据	美国
33	Koudai shopping	1.5	364	2014/10	电商	中国
34	Mulesoft	1.5	259	2015/5	集成服务	美国
35	BuzzFeed	1.5	297	2015/8	新闻聚合	美国
36	BlaBlaCar	1.5	1200	2015/7	汽车共享	法国
37	Mu Sigma	1.5	195	2013/2	数据分析	印度
38	Klarna	1.4	299	2014/3	支付平台	瑞典
39	Deem	1.4	474	2011/9	软件即服务	美国
40	Jet. com	1.4	545	2015/11	电商	美国
41	Thumbtack	1.3	273	2015/9	团购	中国
42	Fanduel	1.3	363	2015/7	梦幻体育游戏	美国
43	Medallia	1.3	255	2015/7	客户体验管理	美国
44	Wepiao	1.3	340	2015/11	线上购票	中国
45	Lazada Group	1.2	648	2014/11	电商	新加坡
46	AppNexus	1.2	251	2014/8	广告交易平台	美国
47	Infinidat	1.2	230	2015/4	数据存储	以色列
48	Warby Parker	1.2	218	2015/4	电商	美国
49	DraftKings	1.2	426	2015/7	梦幻体育游戏	美国
50	Okta	1.2	230	2015/9	身份管理平台	美国
51	Auto1 Group	1.2	190	2015/4	电商	德国

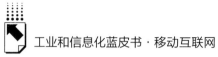
续表

序号	公司名称	最新估值（亿美元）	总股本金（亿美元）	上一轮融资时间	领域	国别
52	CureVac	1.2	265	2015/3	生物制药	德国
53	Sprinklr	1.2	170	2015/3	企业社交媒体管理	美国
54	Automattic	1.2	190	2014/5	博客平台运营	美国
55	Actifio	1.1	208	2014/3	数据存储	美国
56	Proteus Digital Health	1.1	354	2014/6	医药	美国
57	IronSource	1.1	103	2014/8	数字分发	以色列
58	Nextdoor	1.1	215	2015/3	邻里社交	美国
59	Uptake	1.1	45	2015/10	数据分析	美国
60	Shopclues.com	1.1	468	2016/1	电商	印度
61	Anaplan	1.1	240	2016/1	云端表格服务	美国
62	Gusto	1.1	136	2015/12	工资代发	美国
63	Jiuxian	1.1	250	2015/7	电商	中国
64	Aiwujiwu	1.1	350	2015/11	地产中介	美国
65	AppDirect	1.0	245	2015/10	云商务	美国
66	China Rapid Finance	1.0	60	2015/7	金融	中国
67	23andMe	1.0	205	2015/6	基因测序	美国
68	Home24	1.0	20	2014/12	电商	德国
69	Yello Moblie	1.0	112	2014/12	综合移动应用	韩国
70	CloudFlare	1.0	72	2012/12	网络维护服务	美国
71	Evernote	1.0	302	2012/5	笔记应用	美国
72	Eventbrite	1.0	200	2014/3	在线活动策划	美国

续表

序号	公司名称	最新估值（亿美元）	总股本金（亿美元）	上一轮融资时间	领域	国别
73	Tango	1.0	367	2014/3	社交	美国
74	Mogujie	1.0	200	2014/6	电商	中国
75	Kabam	1.0	245	2014/8	游戏	中国
76	Lookout	1.0	284	2014/8	系统软件	美国
77	JustFab	1.0	250	2014/8	电商	中国
78	Qualtrics	1.0	220	2014/9	网上调查	中国
79	Razer	1.0	50	2014/10	游戏设备	美国
80	Shazam	1.0	170	2015/1	歌曲识别	英国
81	Beibei	1.0	124	2015/1	电商	中国
82	SimpliVity	1.0	276	2015/3	数据存储	美国
83	Farfetch	1.0	195	2015/3	电商	英国
84	Pluralsight	1.0	169	2014/8	教育	美国
85	Funding Circle	1.0	273	2015/4	金融	英国
86	Quikr	1.0	350	2014/9	电商	印度
87	MarkLogic	1.0	173	2015/4	数据库	美国
88	Lamabang	1.0	120	2015/3	电商	中国
89	Zomato Media	1.0	163	2015/3	电商	印度
90	Coupa Software	1.0	168	2015/5	软件即服务	美国
91	Twilio	1.0	240	2015/7	云通信	美国
92	Zscaler	1.0	138	2015/7	云安全	美国
93	Tujia	1.0	465	2015/8	电商	中国
94	APUS Group	1.0	116	2015/1	移动应用开发	中国
95	Vox Media	1.0	126	2015/8	媒体	美国
96	Kik Interactive	1.0	119	2015/8	无线通信	加拿大
97	Adaptive Biotechnologies	1.0	425	2015/5	生物技术	美国
98	Apttus	1.0	186	2015/9	企业软件	美国
99	Kabbage	1.0	240	2015/10	金融	美国

续表

序号	公司 名称	最新估值 （亿美元）	总股本金 （亿美元）	上一轮融 资时间	领域	国别
100	Datto	1.0	100	2015/11	数据备份	美国
101	Udacity	1.0	161	2015/11	教育	美国
102	TutorGroup	1.0	315	2015/11	教育	美国
103	Mia. com	1.0	232	2015/9	电商	中国
104	Docker	1.0	182	2015/4	应用容 器引擎	美国
105	Mode Media	1.0	230	2013/8	媒体	美国
106	Wifimaster	1.0	52	2015/3	无线共享	中国
107	Panshi	1.0	220	2015/4	机械	马来西亚
108	Avast Software	1.0	100	2014/2	软件	捷克
109	Fanli	1.0	30	2015/4	电商	中国
110	ForeScout	1.0	156	2016/1	网络安全	美国

资料来源：《华尔街日报》2016 年 2 月。

B.29

2015年度中国移动 APP 前100强排名

排名	应用名称	2015 年月均活跃用户数（万）
1	微信	54507.5
2	QQ	40820.6
3	手机百度	20252.7
4	淘宝	15333.1
5	搜狗输入法	14610.8
6	QQ 浏览器	13603.8
7	UC 浏览器	11581.7
8	百度手机助手	10923.1
9	腾讯视频	10823.8
10	优酷视频	10563.7
11	腾讯新闻	10390.2
12	支付宝	10318.7
13	微博	10210.3
14	360 手机卫士	10192.2
15	QQ 音乐	10161.4
16	百度地图	10001.1
17	爱奇艺视频	9612.5
18	腾讯手机管家	9571.2
19	百度手机浏览器	9197.0
20	搜狐新闻	8001.6
21	今日头条	7878.2
22	WiFi 万能钥匙	6869.0
23	酷狗音乐	6751.6
24	QQ 空间	6470.1

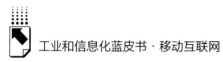

续表

排名	应用名称	2015 年月均活跃用户数(万)
25	QQ 同步助手	6466.2
26	搜狐视频	6417.6
27	应用宝	6337.5
28	酷我音乐	5888.5
29	360 手机助手	5631.2
30	暴风影音	5584.1
31	猎豹清理大师	5483.0
32	网易新闻	5248.7
33	墨迹天气	5248.2
34	陌陌	4929.5
35	掌阅 iReader	4882.0
36	百度手机卫士(原安卓优化大师)	4707.2
37	豌豆荚	4482.1
38	爱奇艺 PPS 影音	4355.1
39	美图秀秀	4345.0
40	91 助手	4116.0
41	美团	4076.1
42	天气通	4074.2
43	大众点评	3908.1
44	小米应用商店	3660.1
45	高德地图	3533.3
46	360 浏览器抢票专版	3382.4
47	百度手机输入法	3134.8
48	美颜相机	3097.8
49	凤凰新闻	3087.5
50	PPTV 聚力	3066.9
51	中华万年历	3030.4
52	土豆视频	2913.5

续表

排名	应用名称	2015 年月均活跃用户数(万)
53	WPS Office	2870. 4
54	腾讯电池管家	2795. 5
55	京东	2764. 2
56	搜狗号码通	2585. 1
57	新浪新闻	2581. 3
58	乐视视频	2551. 4
59	百度视频	2448. 6
60	天猫	2435. 8
61	小米桌面	2433. 5
62	天天动听	2387. 6
63	讯飞输入法手机版	2357. 6
64	看片神器	2220. 8
65	QQ 邮箱	2216. 4
66	铃声多多	2200. 5
67	安卓壁纸(androidesk)	2190. 9
68	书旗小说	2143. 2
69	快牙	2119. 9
70	宜搜搜索	2114. 0
71	金山电池医生	2021. 0
72	宜搜小说	1880. 8
73	华为应用市场	1855. 8
74	芒果 TV	1831. 6
75	58 同城	1810. 4
76	唯品会	1778. 1
77	搜狗手机助手	1754. 5
78	360 清理大师	1733. 9
79	百度云	1730. 7
80	QQ 阅读	1706. 4

续表

排名	应用名称	2015 年月均活跃用户数（万）
81	360 影视大全	1700.9
82	唱吧	1624.8
83	猎豹浏览器	1618.8
84	安卓市场	1614.6
85	ES 文件浏览器	1610.7
86	快手	1573.8
87	乐商店	1541.9
88	同花顺	1515.7
89	hao123 上网导航	1514.2
90	驾考宝典	1477.4
91	联想日历	1471.2
92	天翼手机	1442.2
93	滴滴出行	1425.0
94	茄子快传	1407.1
95	电信营业厅	1402.5
96	中国建设银行	1402.3
97	中国天气通	1385.1
98	华为文件管理器	1359.5
99	MM 商场	1330.7
100	百度音乐	1330.4

资料来源：易观智库。

B.30

2015年信息通信技术发展指数排名

2015年 IDI 排名	经济体	2015年 IDI 指数	2010年 IDI 排名	2010年 IDI 指数	排名变化
1	韩国	8.93	1	8.64	—
2	丹麦	8.88	4	8.18	↑
3	冰岛	8.86	3	8.19	—
4	英国	8.75	10	7.62	↑
5	瑞典	8.67	2	8.43	↓
6	卢森堡	8.59	8	7.82	↑
7	瑞士	8.56	12	7.6	↑
8	荷兰	8.53	7	7.82	↓
9	中国香港	8.52	13	7.41	↑
10	挪威	8.49	5	8.16	↓
11	日本	8.47	9	7.73	↓
12	芬兰	8.36	6	7.96	↓
13	澳大利亚	8.29	15	7.32	↑
14	德国	8.22	17	7.28	↑
15	美国	8.19	16	7.3	↑
16	新西兰	8.14	19	7.17	↑
17	法国	8.12	18	7.22	↑
18	摩纳哥	8.1	22	7.01	↑
19	新加坡	8.08	11	7.62	↓
20	爱沙尼亚	8.05	25	6.7	↑
21	比利时	7.88	24	6.76	↑
22	爱尔兰	7.82	20	7.04	↓
23	加拿大	7.76	21	7.03	↓
24	中国澳门	7.73	14	7.38	↓
25	奥地利	7.67	23	6.9	↓
26	西班牙	7.66	30	6.53	↑

续表

2015 年 IDI 排名	经济体	2015 年 IDI 指数	2010 年 IDI 排名	2010 年 IDI 指数	排名变化
27	巴林	7.63	48	5.42	↑
28	安道尔	7.6	29	6.6	↑
29	巴巴多斯	7.57	38	6.04	↑
30	马耳他	7.52	28	6.67	↓
31	卡塔尔	7.44	37	6.1	↑
32	阿联酋	7.32	49	5.38	↑
33	斯洛文尼亚	7.23	27	6.69	↓
34	捷克共和国	7.21	33	6.3	↓
35	以色列	7.19	26	6.69	↓
36	白俄罗斯	7.18	50	5.3	↑
37	拉脱维亚	7.16	34	6.22	↓
38	意大利	7.12	31	6.38	↓
39	希腊	7.09	35	6.2	↓
40	立陶宛	7.08	39	6.02	↓
41	沙特阿拉伯	7.05	56	4.96	↑
42	克罗地亚	7	42	5.82	—
43	葡萄牙	6.93	36	6.15	↓
44	波兰	6.91	32	6.38	↓
45	俄罗斯联邦	6.91	46	5.57	↑
46	科威特	6.83	45	5.64	↓
47	斯洛伐克	6.82	40	5.96	↓
48	匈牙利	6.82	41	5.92	↓
49	乌拉圭	6.7	52	5.19	↑
50	保加利亚	6.52	47	5.45	↓
51	塞尔维亚	6.45	51	5.29	—
52	阿根廷	6.4	54	5.02	↑
53	塞浦路斯	6.37	44	5.75	↓
54	阿曼	6.33	68	4.41	↑
55	智利	6.31	59	4.9	↑

续表

2015 年 IDI 排名	经济体	2015 年 IDI 指数	2010 年 IDI 排名	2010 年 IDI 指数	排名变化
56	黎巴嫩	6.29	77	4.18	↑
57	哥斯达黎加	6.2	80	4.07	↑
58	哈萨克斯坦	6.2	62	4.81	↑
59	罗马尼亚	6.11	55	4.99	↓
60	马其顿	6.07	57	4.96	↓
61	巴西	6.03	73	4.29	↑
62	安提瓜和巴布达	5.93	58	4.91	↓
63	圣基茨和尼维斯	5.92	43	5.8	↓
64	马来西亚	5.9	61	4.85	↓
65	黑山共和国	5.9	60	4.89	↓
66	摩尔多瓦	5.81	74	4.28	↑
67	阿塞拜疆	5.79	76	4.21	↑
68	圣文森特和格林纳丁斯	5.69	63	4.69	↓
69	土耳其	5.58	67	4.56	↓
70	特立尼达和多巴哥	5.57	65	4.58	↓
71	文莱	5.53	53	5.05	↓
72	委内瑞拉	5.48	71	4.36	↓
73	毛里求斯	5.41	72	4.31	↓
74	泰国	5.36	92	3.62	↑
75	哥伦比亚	5.32	83	3.91	↑
76	亚美尼亚	5.32	78	4.1	↑
77	波斯尼亚和黑塞哥维那	5.28	75	4.28	↓
78	格鲁吉亚	5.25	85	3.76	↑
79	乌克兰	5.23	69	4.41	↓
80	多米尼克	5.12	66	4.56	↓
81	马尔代夫	5.08	82	3.92	↑
82	中国	5.05	87	3.69	↑
83	格林纳达	5.05	64	4.67	↓
84	蒙古	5	97	3.52	↑

续表

2015 年 IDI 排名	经济体	2015 年 IDI 指数	2010 年 IDI 排名	2010 年 IDI 指数	排名变化
85	苏里南共和国	4.99	100	3.39	↑
86	圣卢西亚	4.98	70	4.39	↓
87	塞舌尔	4.96	81	3.98	↓
88	南非	4.9	88	3.65	—
89	巴拿马	4.87	79	4.07	↓
90	厄瓜多尔	4.81	90	3.65	—
91	伊朗	4.79	99	3.48	↑
92	约旦	4.75	84	3.82	↓
93	突尼斯	4.73	93	3.62	—
94	阿尔巴尼亚	4.73	89	3.65	↓
95	墨西哥	4.68	86	3.7	↓
96	佛得角	4.62	107	3.14	↑
97	吉尔吉斯	4.62	112	3.02	↑
98	菲律宾	4.57	105	3.16	↑
99	摩洛哥	4.47	96	3.55	↓
100	埃及	4.4	98	3.48	↓
101	斐济	4.33	102	3.28	↑
102	越南	4.28	94	3.61	↓
103	多米尼加	4.26	101	3.38	↓
104	秘鲁	4.26	91	3.64	↓
105	牙买加	4.23	95	3.6	↓
106	萨尔瓦多	4.2	110	3.1	↑
107	玻利维亚	4.08	113	3	↑
108	印度尼西亚	3.94	109	3.11	↑
109	加纳	3.9	130	1.98	↑
110	汤加	3.82	111	3.08	↑
111	博兹瓦纳	3.82	117	2.86	↑
112	巴拉圭	3.79	108	3.11	↓
113	阿尔及利亚	3.71	114	2.99	↑

续表

2015 年 IDI 排名	经济体	2015 年 IDI 指数	2010 年 IDI 排名	2010 年 IDI 指数	排名变化
114	圭亚那	3.65	103	3.24	↓
115	斯里兰卡	3.64	115	2.97	—
116	伯利兹	3.56	104	3.17	↓
117	叙利亚	3.48	106	3.14	↓
118	纳米比亚	3.41	120	2.63	↑
119	不丹王国	3.35	128	2.02	↑
120	洪都拉斯	3.33	116	2.94	↓
121	危地马拉	3.26	118	2.86	↓
122	美属萨摩亚群岛	3.11	121	2.43	↓
123	尼加拉瓜	3.04	123	2.4	—
124	肯亚	3.02	126	2.09	↑
125	瓦努阿图	2.93	124	2.19	↓
126	苏丹	2.93	127	2.05	↑
127	津巴布韦	2.9	132	1.97	↑
128	莱索托	2.81	141	1.74	↑
129	古巴	2.79	119	2.66	↓
130	柬埔寨	2.74	131	1.98	↑
131	印度	2.69	125	2.14	↓
132	塞内加尔	2.68	137	1.8	↑
133	加蓬	2.68	122	2.41	↓
134	尼日利亚	2.61	133	1.96	↓
135	冈比亚	2.6	129	1.99	↓
136	尼泊尔	2.59	140	1.75	↑
137	科特迪瓦	2.51	142	1.74	↑
138	老挝共和国	2.45	135	1.92	↓
139	所罗门群岛	2.42	139	1.78	—
140	安哥拉	2.32	144	1.68	↑
141	刚果（布）	2.27	136	1.83	↓
142	缅甸	2.27	150	1.58	↑

续表

2015 年 IDI 排名	经济体	2015 年 IDI 指数	2010 年 IDI 排名	2010 年 IDI 指数	排名变化
143	巴基斯坦	2.24	138	1.79	↓
144	孟加拉国	2.22	148	1.61	↑
145	马里	2.22	155	1.46	↑
146	赤道几内亚	2.21	134	1.96	↓
147	喀麦隆	2.19	149	1.6	↑
148	吉布提	2.19	143	1.69	↓
149	乌干达	2.14	151	1.57	↑
150	毛里塔尼亚	2.07	146	1.63	↓
151	贝宁	2.05	147	1.63	↓
152	多哥	2.04	145	1.64	↓
153	赞比亚	2.04	152	1.55	↓
154	卢旺达	2.04	154	1.47	—
155	利比里	1.86	161	1.24	↑
156	阿富汗	1.83	156	1.37	—
157	坦桑尼亚	1.82	153	1.54	↓
158	莫桑比克	1.82	160	1.28	↑
159	布基纳法索	1.77	164	1.13	↑
160	刚果(金)	1.65	162	1.23	↑
161	南苏丹	1.63	N/A	N/A	—
162	几内亚比绍	1.61	158	1.33	↓
163	马拉维	1.61	159	1.33	↓
164	马达加斯加	1.51	157	1.34	↓
165	埃塞俄比亚	1.45	165	1.07	—
166	厄立特里亚	1.22	163	1.14	↓
167	乍得	1.17	166	0.88	↓

资料来源：ITU。

参考文献

Digi-Capital, *Mobile Internet Report*, 2016.

GWI, *The Trends to Watch in 2016*, 2016.

GSMA Intelligence , *State of the Industry Report on Mobile Money*, 2016.

GSMA Intelligence, *The Mobile Economy 2016*, 2016.

GSMA, *The Mobile Economy 2015*, 2015.

Vision Mobile, *Developer Economics Q32014：StateoftheDeveloper-Nation*, 2014.

Distimo, *Unveiling the Secrets behind App Store Category Dynamics*, 2014.

PWC, *Global Technology IPO Review*, 2015.

Alibaba, Annual *Reports and Proxies* 2009 – 2015.

Amazon, *Annual Reports and Proxies*.

Gartner, *Mobile Application Strategies Key Initiative Overview* 2015.

Accenture, *Understanding Enterprise Mobility*, 2015.

洪京一：《中国软件和信息服务业发展报告（2014）》，社会科学文献出版社，2013。

李颖：《2014 中国 IT 发展报告》，社会科学出版社，2014。

爱立信：《移动市场报告》，2015。

KPCB：《2015 年互联网趋势报告》，2015。

App Annie：《2015 年全球移动应用市场回顾》，2015。

国际电信联盟（ITU）：《IMT 愿景》，2015。

国际电信联盟（ITU）：《IMT 未来技术趋势》，2015。

工业和信息化部电信研究院：《移动互联网白皮书》，2015。

Talkingdata：《2015 年移动互联网行业年度报告》，2015。

易观智库：《中国互联网产业 2015 趋势盘点 &2016 发展预测》，2015。

曹磊、陈灿、郭勤贵、黄璜、卢彦：《互联网＋跨界与融合》，机械工业出版社，2015。

〔美〕拉里·唐斯：《颠覆定律：指数级增长时代的新规则》，刘睿译，浙江人民出版社，2014。

胡世良：《互联网＋红利时代：传统企业互联网转型实战》，人民邮电出版社，2015。

秦娇：《中国智能手机市场逐步转向新型智能终端领域》，《世界电信》2015 年第 11 期。

逸秋：《移动互联网的未来方向是和物联网结合可穿戴智能终端规模会超手机》，《中国产业经济动态》2015 年第 14 期。

鲁帆：《移动智能终端发展趋势研究》，《现代传播：中国传媒大学学报》2011 年第 11 期。

王琳琳：《智能移动终端产业的未来发展战略》，《传媒》2012 年第 5 期。

宋丽娜、亓瑞倩、陈倩等：《移动芯片产业发展分析》，《电信网技术》2015 年第 2 期。

刘秋妍:《移动互联网新格局——基于产业链变革的移动互联网产业研究》,《管理现代化》2015 年第 5 期。

徐洪启:《产业互联网时代的营销革命》,《互联网周刊》2015 年第 8 期。

闵璐:《浅谈我国移动互联网发展现状与趋势》,《中国科技信息》2015 年第 1 期。

《2015 年信息通信技术发展指数》,http://www.itu.int/net4/ITU - D/idi/2015/。

✦ 皮书起源 ✦

"皮书"起源于十七、十八世纪的英国，主要指官方或社会组织正式发表的重要文件或报告，多以"白皮书"命名。在中国，"皮书"这一概念被社会广泛接受，并被成功运作、发展成为一种全新的出版形态，则源于中国社会科学院社会科学文献出版社。

✦ 皮书定义 ✦

皮书是对中国与世界发展状况和热点问题进行年度监测，以专业的角度、专家的视野和实证研究方法，针对某一领域或区域现状与发展态势展开分析和预测，具备原创性、实证性、专业性、连续性、前沿性、时效性等特点的公开出版物，由一系列权威研究报告组成。

✦ 皮书作者 ✦

皮书系列的作者以中国社会科学院、著名高校、地方社会科学院的研究人员为主，多为国内一流研究机构的权威专家学者，他们的看法和观点代表了学界对中国与世界的现实和未来最高水平的解读与分析。

✦ 皮书荣誉 ✦

皮书系列已成为社会科学文献出版社的著名图书品牌和中国社会科学院的知名学术品牌。2011年，皮书系列正式列入"十二五"国家重点出版规划项目；2012~2015年，重点皮书列入中国社会科学院承担的国家哲学社会科学创新工程项目；2016年，46种院外皮书使用"中国社会科学院创新工程学术出版项目"标识。

中国皮书网

www.pishu.cn

发布皮书研创资讯，传播皮书精彩内容
引领皮书出版潮流，打造皮书服务平台

栏目设置：

☐ 资讯：皮书动态、皮书观点、皮书数据、
　　　　皮书报道、皮书发布、电子期刊

☐ 标准：皮书评价、皮书研究、皮书规范

☐ 服务：最新皮书、皮书书目、重点推荐、在线购书

☐ 链接：皮书数据库、皮书博客、皮书微博、在线书城

☐ 搜索：资讯、图书、研究动态、皮书专家、研创团队

　　中国皮书网依托皮书系列"权威、前沿、原创"的优质内容资源，通过文字、图片、音频、视频等多种元素，在皮书研创者、使用者之间搭建了一个成果展示、资源共享的互动平台。

　　自 2005 年 12 月正式上线以来，中国皮书网的 IP 访问量、PV 浏览量与日俱增，受到海内外研究者、公务人员、商务人士以及专业读者的广泛关注。

　　2008 年、2011 年中国皮书网均在全国新闻出版业网站荣誉评选中获得"最具商业价值网站"称号；2012 年，获得"出版业网站百强"称号。

　　2014 年，中国皮书网与皮书数据库实现资源共享，端口合一，将提供更丰富的内容，更全面的服务。

法 律 声 明

"皮书系列"（含蓝皮书、绿皮书、黄皮书）之品牌由社会科学文献出版社最早使用并持续至今，现已被中国图书市场所熟知。"皮书系列"的LOGO（）与"经济蓝皮书""社会蓝皮书"均已在中华人民共和国国家工商行政管理总局商标局登记注册。"皮书系列"图书的注册商标专用权及封面设计、版式设计的著作权均为社会科学文献出版社所有。未经社会科学文献出版社书面授权许可，任何使用与"皮书系列"图书注册商标、封面设计、版式设计相同或者近似的文字、图形或其组合的行为均系侵权行为。

经作者授权，本书的专有出版权及信息网络传播权为社会科学文献出版社享有。未经社会科学文献出版社书面授权许可，任何就本书内容的复制、发行或以数字形式进行网络传播的行为均系侵权行为。

社会科学文献出版社将通过法律途径追究上述侵权行为的法律责任，维护自身合法权益。

欢迎社会各界人士对侵犯社会科学文献出版社上述权利的侵权行为进行举报。电话：010-59367121，电子邮箱：fawubu@ ssap. cn。

社会科学文献出版社

权威报告·热点资讯·特色资源

皮书数据库
ANNUAL REPORT(YEARBOOK)
DATABASE

当代中国与世界发展高端智库平台

S 子库介绍
ub-Database Introduction

中国经济发展数据库

涵盖宏观经济、农业经济、工业经济、产业经济、财政金融、交通旅游、商业贸易、劳动经济、企业经济、房地产经济、城市经济、区域经济等领域，为用户实时了解经济运行态势、把握经济发展规律、洞察经济形势、做出经济决策提供参考和依据。

中国社会发展数据库

全面整合国内外有关中国社会发展的统计数据、深度分析报告、专家解读和热点资讯构建而成的专业学术数据库。涉及宗教、社会、人口、政治、外交、法律、文化、教育、体育、文学艺术、医药卫生、资源环境等多个领域。

中国行业发展数据库

以中国国民经济行业分类为依据，跟踪分析国民经济各行业市场运行状况和政策导向，提供行业发展最前沿的资讯，为用户投资、从业及各种经济决策提供理论基础和实践指导。内容涵盖农业，能源与矿产业，交通运输业，制造业，金融业，房地产业，租赁和商务服务业，科学研究，环境和公共设施管理，居民服务业，教育，卫生和社会保障，文化、体育和娱乐业等 100 余个行业。

中国区域发展数据库

以特定区域内的经济、社会、文化、法治、资源环境等领域的现状与发展情况进行分析和预测。涵盖中部、西部、东北、西北等地区，长三角、珠三角、黄三角、京津冀、环渤海、合肥经济圈、长株潭城市群、关中一天水经济区、海峡经济区等区域经济体和城市圈，北京、上海、浙江、河南、陕西等 34 个省份。

中国文化传媒数据库

包括文化事业、文化产业、宗教、群众文化、图书馆事业、博物馆事业、档案事业、语言文字、文学、历史地理、新闻传播、广播电视、出版事业、艺术、电影、娱乐等多个子库。

世界经济与国际政治数据库

以皮书系列中涉及世界经济与国际政治的研究成果为基础，全面整合国内外有关世界经济与国际政治的统计数据、深度分析报告、专家解读和热点资讯构建而成的专业学术数据库。包括世界经济、世界政治、世界文化、国际社会、国际关系、国际组织、区域发展、国别发展等多个子库。